卷二　新经济学范式

新经济学

祚／著

中信出版集团｜北京

图书在版编目（CIP）数据

新经济学范式/向松祚著. -- 北京：中信出版社，
2020.2（2024.5重印）
（新经济学；卷二）
ISBN 978-7-5217-1285-8

Ⅰ.①新… Ⅱ.①向… Ⅲ.①经济学—研究 Ⅳ.
①F0

中国版本图书馆CIP数据核字（2019）第 265055 号

新经济学：卷二　新经济学范式

著　　者：向松祚
出版发行：中信出版集团股份有限公司
　　　　　（北京市朝阳区东三环北路27号嘉铭中心　邮编　100020）
承 印 者：北京通州皇家印刷厂

开　　本：787mm×1092mm　1/16　　印　张：78.75　　字　数：988千字
版　　次：2020年2月第1版　　　　印　次：2024年5月第3次印刷
书　　号：ISBN 978-7-5217-1285-8
定　　价：298.00元（全五卷）

独立之精神　自由之思想

目录

绪

论

1

面向未来的无限创造性或无限创造力是生命的本质，迄今为止一切生命形式里，唯有人类能够彰显出最高层面和最高境界的创造力。

从生命的无限创造性或无限创造力的视角来阐释和理解人的行为包括人的经济行为，应该是一个恰当的视角，也许也是最正确的视角。从生命的无限创造性或无限创造力的视角来阐释和理解人类发展演化的历史过程，能够让我们更清楚地揭示人类历史演变的基本规律。我们所能够发现或试图发现的最高规律就是生命的规律或生命演化的规律。

人类经济体系的演化历史是人类发现和创造价值的历史，亦是人类生命价值进化和提升的历史。因此，我们最好将人类经济体系看作一个生命演化体系，而不是一个自动迈向均衡的机械体系。从生命演化的角度看，均衡就是死亡。

2

人的无限创造力的第一个表现形式是赋予、发现和创造价值。唯有人才能赋予万物以价值，一切价值皆来自人的赋予或赋能。西方经济学者争辩百余年才明白此简单的道理，堪称奇事。

那些平淡无奇的事物，经过伟大艺术家（诗人、小说家、画家、雕塑家、音乐家等）的心灵创造，则彰显出永恒和无限的价值。这样的价值不仅体现在伟大艺术家的作品能够激发我们每个人发现内心最深处那崇高的生命至美、生命至真、生命至善的观念，激发我们每个人不断提升自己的生命价值和精神价值，还能体现为巨大和永恒的市场价值。

世界各地那些最值钱和最令人向往的旅游胜地，必定是那些被历代伟大艺术家和伟大人物的心灵和事迹赋予灵魂和价值的地方。艺术家的创造物往往具有永恒不灭的价值，随着时间的推移，价值会更高。经济学者试图从供求角度或利率理论的角度解释伟大艺术家的创造物随时间推移的价值提升，这往往很牵强。赋予价值、发现价值、创造价值，正是人类最重要和最本质的经济活动。理解一切经济行为和经济现象，皆必须从这个基本原理出发。价值因人而异，亦有高下之分。

3

人的无限创造力的第二个表现形式是发现和理解宇宙自然的规律或秘密。爱因斯坦认为自然客观世界的可理解性是一个真正的奇迹。人的理性能够把握真正的客观实在，这是人的创造力最令人惊叹的特征事实。

所谓客观规律究竟是离开人本身而独立存在着，还是人的理性本身蕴含了宇宙自然的一切规律？或者根本就没有离开人自身而独立存在的客观世界，亦根本没有什么客观规律，一切规律皆是人的理性所必然蕴含的主观规律？康德"知性为自然立法"究竟是什么意思？这些都是具有最高重要性和最深刻的问题。深入思考和透彻回答这些问题，我们才能真正理解人的无限创造性的内在本质。

4

创造性经济行为是人类经济行为或经济过程或经济现象的本质特征。数百年来，经济学者从不同的视角去观察人的经济行为和经济现象。譬如斯密从分工深化的角度理解经济增长；庞巴维克从迂回生产方式的角度理解价值的创造和利率的本质；熊彼特从创造性毁灭的角度揭示人类经济的内在动力；马克思从剩余价值的创造、剥削和转化的角度来分析资本主义经济体系的内在矛盾；哈耶克从知识的创造和运用的角度来阐释市场的本质；张五常从局限条件下最大化的视角来把握人的全部经济行为。

本书则从人的无限创造性、创造力或创新力的视角来考察和阐释人类经济行为和经济现象。本书认为创造性经济行为才是人类经济行为的本质特征。

5

创造性经济行为的第一个本质特征：具有目的性和方向性。这个目的性和方向性就是指向价值的创造。新古典经济学以效用最大化和利润最大化来概括人类经济行为的方向性和目标性。然而，价值的创造或人类经济行为的目的性和方向性并非能够以效用最大化和利润最大化范式来全部概括。

6

创造性经济行为的第二个本质特征：具有独特性、垄断性或特异性。所谓创造就是创造出独特的价值，人的创造性行为必然意味着某种独特性、垄断性或特异性。新古典经济学所假设的同质化的完美市场竞争是对人类创造性经济行为的根本性误解，是必须抛弃的错误假设。

7

创造性经济行为的第三个本质特征：独特性、垄断性或特异性构成人类经济体系整体的无限多样性。独特性必然意味着整体的多样性，多样性必然意味着个体的独特性。每个独特的个人的创造性行为必然意味着经济体系的无限多样性，正是每个人的独特创造性才构成整个人类经济体系的无限多样性。

独特性、特异性、垄断性和多样性不仅并行不悖，而且是必然相伴相生的结果。人类经济增长和经济进步的本质特征之一就是技术、产品和服务无限扩展的多样性；相反，经济的落后和贫穷首先表现为技术、产品和服务的单一或单调。

鼓励和保护每个具有独特创造性的个人的创造力，保障他们的知识产权，保障他们具有无限的创造空间，激发他们的无限创造力，是自由的真正本质，是自由的根本目的，亦是人类经济制度设计和改进的基本出发点。新古典经济学将完全同质化的竞争看作人类经济体系和经济制度的理想状态，实在是对人类经济行为和经济现象的最大误解。

8

创造性经济行为的第四个本质特征：人类经济行为和经济体系的演化路径是由一个接一个的范式改进和范式迁移构成的。

所谓范式，就是人类行为的一般性或普遍性模式和惯例，或者人类经济制度的一般性机制和权利安排模式，或者是技术发展的普遍性形态或占主导地位的形态，又或者是人类思想和科学理论的主导性思维方式和研究方向。易言之，所谓范式，乃是人类思想、制度、技术、行为模式等在一段特定时间里具有主导性的模型、架构和方式。

　　所谓范式改进，就是对现有范式或模式的完善和补充；所谓范式迁移，就是对现有范式或模式的颠覆或突破，亦即新范式的建立。

　　范式迁移类似熊彼特所说的"创造性毁灭"，它意味着一个崭新世界的诞生，一个崭新领域的开辟，一个崭新产业的崛起，一种全新生活方式的涌现，一种新的思维方式的突破。

　　从科学理论发展史来看，日心说取代地心说是一次范式迁移；牛顿物理学的诞生是一次范式迁移；法拉第-麦克斯韦电磁理论是一次范式迁移；爱因斯坦相对论是一次范式迁移；孟德尔遗传定律的发现是一次范式迁移；达尔文进化论是一次范式迁移；沃森和克里克发现DNA（脱氧核糖核酸）双螺旋结果是一次范式迁移。

　　从人类产业发展历史来看，汽车取代马车是一次典型的范式迁移，汽车代表了一种全新的人类出行方式。无人驾驶或自动汽车必然意味着人类出行方式的另一次范式迁移。计算机取代手工计算是一次范式迁移；个人计算机取代中心化的大型计算机是一次范式迁移；蜂窝手机取代固定电话是一次范式迁移，智能手机取代蜂窝手机则是另一次范式迁移，人工智能则代表一次规模更大的范式迁移。手工计算技术的改进和完善，个人计算机技术和设计的改进和完善，智能手机技术和设计的改进和完善，都是范式改进。

　　我们可以用"从0到1"表征范式迁移，"从1到N"表征范式改进。纵观人类发展历史，范式迁移主要源自人类最高级别思想的伟大突破和科学理论的伟大发现。计算机、移动通信、互联网、人工智能等皆源自基础科学理论的原创性发现。

人类绝大多数创造性经济行为或一般而言的创造性行为（思想、科学、艺术、技术、商业等）初看起来都是一种改进性行为（如通常所说的革新或改进），然而，众多改进性行为往往导致范式迁移。

9

创造性经济行为的第五个特征：创造性经济行为必然导致路径锁定或赢者通吃。

10

创造性经济行为的第六个特征：创造性经济行为必然导致规模收益递增。

11

创造性经济行为的第七个特征：创造性经济行为必然导致技术进步的加速增长或指数性增长。

12

正文将详细解释为什么创造性经济行为必然具有以上特征。此外，关于人类创造性行为，还有几点需要论及。

其一，创造必定是集体性创造。无论道德创造和知识创造，举凡人类一切创造，必定是集体性创造物。人是社会关系的总和，人亦是一切创造力的总和。孤立的个人根本谈不上任何创造，甚至会失去最基本的学习能力，丧失作为人的基本技能。易言之，人离开人类群体或社会就只有死路一条，何谈创造？构造一个具有创造性或创造力的社会和国家，乃是社会进步的必然要求，是国家和社会治理的最高目标。

创造本质上是一种集体活动。集体学习、相互学习、相互争论和改进。牛顿说：我之所以比前人看得更远一些，是因为我站在巨人的肩上。任何伟大的科学思想和科学发明皆源自对前人思想和发明的反思、借鉴、改进与颠覆。牛顿、麦克斯韦、爱因斯坦的伟大发现无不昭示了这个基本真理。

其二，人类创造力具有互补和相互强化的特征。我们可以列举历史上有名的创造力互补和相互强化的案例：爱因斯坦和他的数学老师格罗斯曼共同完成广义相对论；居里夫妇共同开启现代放射性科学；爱因斯坦和玻尔共同开启围绕量子力学的伟大争论；李嘉图和穆勒父子通力合作、激烈争论，完成了古典经济学体系的构建；休利特和帕卡德联合创办惠普公司，成为硅谷创新活力的源头活水；晶体管三剑客——肖克利、巴丁和布拉顿的天才合作，诞生了 20 世纪最重要的发明之一——晶体管；英特尔的"桃园三结义"——诺依斯、摩尔和格鲁夫——成就了现代信息技术时代的伟大传奇；盖茨和艾伦创立微软公司，开启现代软件行业；乔布斯和沃兹尼亚克创建苹果公司，开启个人计算机时代；佩奇和布林共同创办谷歌公司，建立了一个真正的科技帝国，成为全球最著名的"创新双雄"。此外，还有诸如腾讯的联合创始人马化腾和张志东，马云和阿里巴巴的十八罗汉，等等。类似例子数不胜数。

《乔布斯传》的作者沃尔特·艾萨克森有一部详细描述信息技术创新历史的著作《创新者》[①]，主题就是集体创新或合作创新。优秀的社会组织或公司组织不仅能够让每个独特的个人能够最大限度发挥自己的创造性，而且能够最大限度地鼓励和促进创新者之间的合作。我们应该从这个角度去考察公司的本质和各种社会制度安排的效率。

其三，除了那些光芒万丈的创新英雄之外，对于人类创新必不可少的还有那些看不见的创造力，也就是凯文·凯利所说的"一种由无数默默无闻的零件通过永不停歇的工作而形成的缓慢而宽广的创造力"。

譬如来自组织内部的创造力，譬如经济体系内无数新产品和新应用的突然涌现。一部手机包含多少个零部件？多少个供应商为之供货？一辆汽车包含多少个零部件？多少个供应商为之供货？一架波音飞机有多少个零部件？多少个供应商为之供货？正是经济体系内无数个"默默无闻"的零件——无数的供应商、消费者、工程师和普通员工——汇聚巨大的创造力量，才创造出令人惊叹的产品、服务和商业模式，创造出人间的经济奇迹。

一个具有创造力的经济体系和社会治理体系，正是要能够持久激励和保障"默默无闻的创造力"。

其四，正是从人类具有无限创造力的角度，我们相信，竞争和合作是推动人类经济体系运转的两个最重要的力量。然而，从本质和长期角度看，合作的力量比竞争的力量更为重要。竞争与合作必不可少，然而合作的重要性远远超过竞争。

华为创始人任正非始终强调"友商"概念，他将同业竞争者更多地看作是合作伙伴。任正非认为，真正伟大的企业家只有友商，没有竞争对手。

[①] 《创新者》一书简体中文版 2017 年由中信出版集团出版。——编者注

因为任何技术和产品的创新都必然是相互合作、相互学习和借鉴的产物。

其五，唯有从人类创造力的角度才能看清经济行为和经济现象的本质。人是创造的实体，每一个个体皆是一个创造的实体或个体，每一个人皆具备生生不息的创造真几或创造动力或原创力。

孟子曰："万物皆备于我矣，反身而诚，乐莫大焉。"万物皆备于我，意即每一个个体皆具备宇宙万物同一之体或同一之理。从创造的角度看，宇宙本体就是创造实体或创造本体；从创造的角度看，宇宙之理就是创造之理或创造性真理。宇宙自然万事万物无不是那最高的永恒的创造之体或创造之理的产物，那个创造之体或创造之理就是陆象山"万物森然于方寸之间，满心而发，充塞宇宙，无非此理"所说的那个理，就是爱因斯坦所说的"上帝的秘密"。

人自身的一切创造，一切文明所包含的所有事物，举凡政治经济制度、语言文化、文学艺术、科学技术、日用物品等，举凡世间之一切，莫非人的创造，即创造之体或创造之理的创造物。从静态的本体论角度视之，宇宙自然万事万物皆具备此创造之理，皆具备此创造之体，然而，唯有人能够主动地实现或彰显此创造之体。孔子曰："人能弘道，非道弘人。"大哉斯言！

第一部分

综论人的经济行为之本质

第一章

综论人的经济行为之本质

深入认识人的行为本质，是一切社会科学的基本前提和出发点。人有无限多样的行为：本能的和理性的，生理的和心理的，善良的和邪恶的，宗教的和道德的，政治的和经济的，科学的和艺术的，如此等等。如果要细分人的一切行为，我们将陷入无穷无尽的细节纠缠之中，永远也无法精确定义人的任何一种行为。

譬如，经济学者所致力研究的人的经济行为，该如何精确定义呢？有的经济学者将人的经济行为定义为"生产什么、如何生产和为谁生产"，有的经济学者将其定义为由"生产、流通、分配和消费"四个环节构成，有的经济学者将其定义为"获取物质产品或物质资料以供消费享受的行为"，还有的经济学者将其定义为"面向给定资源，为实现效用最大化或利润最大化的选择行为"，如此等等。每个经济学者皆可根据自己的理解给出自己偏爱的人的经济行为之定义。

无论哪个定义，如果继续细分下去，都会遇到难以克服的困难。我们永远无法获得一个真正"精确的"人的经济行为定义，因为人的经济行为永远与其他行为纠缠在一起，不可分离。

从基本的理论来考察，经济学研究的基本目标是发现人的经济行为的内在规律。依照一般的推理逻辑，我们日常所观察到的经济现象，皆是人的经济行为之结果。因此，如果发现了人的经济行为的内在规律，我们也就发现了经济现象的内在规律。发现了经济现象的内在规律，我们也就发现了人类经济制度或经济历史演变的内在规律。

然而，这个推理逻辑本身又不是那么显而易见和令人信服。因为，我们日常所观察到的经济现象，往往是众多个人和企业经济行为相互作用的结果。经济现象并非个人行为简单加总的结果。总体并不等于个体之和，人类现象经常存在"合成推理的谬误"。每个人的理性行为很有可能导致非理性的经济现象。

易言之，即使经济学者解释了个体的经济行为，也不意味着他能够解释真实世界中的经济现象。人类经济历史或经济制度的演变是宏观层面的大历史事件，是众多经济力量和非经济力量共同作用的结果。即使经济学者成功解释了经济现象的逻辑，也并不意味着他能够成功解释人类经济历史或经济制度的演变历程和未来趋势。因为，人类社会行为包括人类经济行为并不是以往历史趋势朝向未来的简单延伸，即使是支配最复杂机械体系运行的数学原理和方程式，亦无法模拟经济体系或人类社会之运行。

上述简要分析告诉我们，一套真正逻辑严密的经济学理论，必须深入系统且逻辑连贯地明确回答四个问题：其一，人类个体经济行为的本质是什么？其二，个体行为如何（通过怎样的机制）形成经济现象，尤其是宏观经济现象？或者说，个体行为如何解释经济现象，尤其是宏观经济现象？其三，当我们希望理解或解释大历史事件或者人类经济历史演变历程时，如何将纯粹经济行为同其他行为区别开来？或者说将经济力量和非经济力量区别开来？其四，即使我们假定能够成功地解释当前的或历史的经济现象，我们如何能够根据我们对历史现象的解释来推知或预测未来？

一些经济学者似乎不思考或不关心此类纯粹方法论的问题，然而，从纯粹知识的角度，这些问题是无法回避的，必须要有清晰的答案。否则，所谓的经济学理论必将陷入模糊不清或自相矛盾之中。

经济学研究还有一个暗含的目的，那就是给人的行为（具体而言指人的经济行为）以明确的原则指导，给经济决策以明确的方向指引。经济学者试图告诉我们，若依照此原则或方向或模式决策或行动，则我们必能获得如此这般之结果。经济学者的解释，只是试图从以往的经验中引申出一般的决策规律或行为规律，以作为后人行为或决策的典范或规则。然而，从经验事实引申或归纳出来的某种一般性规律或原则，是否足以成为我们行为或决策之典范或原则，本来就颇成问题。

上述基本方法论所牵涉的诸多问题，其根源、核心和关键就是人的行为之本质。我们需要对人的行为之本质做深思熟虑的考察。如果我们对人的行为的本质做深层次的考察，或许就会发现当代主流经济学——新古典经济学——的理论基础并不是那么清晰和牢靠。也许我们会开始思考：是否应该将经济学的理论基础建立在一个新的更为坚实的基础之上？或者说得更不谦虚一点：我们是否应该从新行为假设或理论基础出发，提出一套新的经济学理论，以便更好地解释人的经济行为和人类的经济现象，特别是那些显而易见的、对人类历史演变和未来进步具有决定意义的重大经济现象？

我对经济学的理论基础或哲理基础，亦即人的行为之本质的思考，主要围绕如下四个基本观点展开：

其一，人的行为或人性本身具有多个层面的二重性：动物之性（自然之性）和超越之性，自然生命和精神生命，物质生命和价值生命，自然行为和理性行为，生之谓性和性善之性。二者逻辑上可分开，现实上不可分开。后者必然主导前者，否则人就与禽兽无异。

其二，适应性行为和创造性行为，前者主要是面向现在或已知资源和环境所采取的调整或适应行动（与英国历史学家汤因比巨著《历史研究》里所标举的"挑战与应战"之应战类似），后者则是面向未来或未知环境所采取的开创性、创造性或颠覆性行动。二者亦是逻辑上可分开，现实上不可分开。适应性行为可以伴随颠覆性或创造性行为，颠覆性或创造性行为亦可以伴随适应性行为。思辨理性或科学研究的基本职能就是从逻辑上区分和探究人的行为的本质特征。

所谓创造性，就是人以自由意志改变或改造自身和外部世界。创造力的本质是自由意志的发扬、彰显和扩充。

其三，借用康德的伟大概念划分，人的行为可从思辨理性和实践理性两个角度来考察。思辨理性是知识创造性所主导的行为，实践理性则是道德创造性所主导的行为。严格而言，人的任何行为都是思辨理性和实践理性的有机整体，二者不可或缺。实践理性高于思辨理性，对思辨理性具有决定性。思辨理性和实践理性的划分，对于我们理解人的经济行为的本质有深刻的启发意义。

其四，我所理解的"理性行为"与西方经济学所说的"理性行为"完全不同。由道德价值或生命价值决定或主导的行为才是真正的理性行为，由物质欲望或所谓效用最大化主导的行为才是真正的非理性行为。西方经济学所认为的理性行为和非理性行为之划分，其实并不能刻画人的行为之本质特征。依照吾辈之理解，西方经济学所区分的理性行为和非理性行为，皆是非理性行为，亦即它们皆是由物质欲望或所谓效用最大化所主导，非由精神价值或道德价值所主导。吾辈之划分，显然是受到康德哲学思想的启发。

第二章

以法则决定行为及其优先性和主导性

人的行为之首出者（最先出现者），必定是一个道德的判断或道德的行为，即我们无论从事何种行为，在起心动念的一刹那，"应该做或不应该做"总是首先浮现于我们的意识之中。我们或者在潜意识里刹那间做出肯定与否定的判断或决定，或者需要相当长时间的考量以做出决定，甚至需要经受痛苦的煎熬才能下定决心。

无论是选择职业之门类、进学之专业、支持哪个政党或组织、生意伙伴、恋爱和婚姻的对象，还是日常生活中各种琐碎的选择，譬如是否参与某个聚会、是否去某个地方游玩一番、是否借钱给亲戚朋友、吃饭点什么菜肴（如信佛者绝不食荤、绝不饮酒，动物保护主义者绝不食一切保护动物，等等），如此等等之行为皆离不开"应该或不应该"之判断。应该或不应该之判断即属道德的判断或价值的判断。是故吾辈行为之对象所首出者必定是一个道德行为之对象，我们总是首先决定"应该或不应该行动"，然后才决定"如何采取行动"。

假若我们同意人类一切行动皆必然地包含此两个不可分割之部分，且"应该做或不应该做"之道德判断为首出者，即为我们首先必须决定者，那么，我们就必须深思熟虑这两部分的行为或决策之原则或法则究竟有何根本不同。此两部分行为或决策之原则或法则既根本不同，亦绝不能相互混淆。

"应该做或不应该做"是道德行为之决断。我们做出应该做或不应该做之决断所依据的原则或法则究竟来自哪里？来自外部力量之威吓、恐惧、敬畏或强制？来自外部对象之可爱、可欲、诱惑或吸引？来自经验事实之规律或指引？来自一般科学定律之结论或推导？还是来自我们内心本具自足之先验的道德法则？古往今来一切大哲学家皆不得不回答此问题。

其答案大体分为两派。一为他律道德，一为自律道德。

主张他律道德者，认为我们的一切道德行为之法则或原则，皆由某种外力驱使或由外部因素决定，或由外部对象诱惑吸引。若细分之，大体有三类：一是以苦乐或所谓幸福为法则，一切犬儒主义或功利主义者大体皆属此类；二是以所谓存有论的圆满为判准；三是以神圣的上帝的意志之绝对圆满为准。康德之前的西洋哲学智慧大体皆主张他律道德，至康德才做了根本性扭转。康德的深思明辨无可置疑地说明任何他律道德皆不能建立真正的道德法则——自律之原则。

牟宗三如此评价康德对西方思想的扭转："真正的道德原则（决定行动之原则）必须以法则为首出，由此以决定实践理性之对象，决定什么是善，决定什么是恶，这是有定准的。凡依无条件的命令而行者即是善的行动，凡违反无条件的命令者即是恶的行动。善由自律的道德法则来决定，不是由外面的对象来决定。康德这一步扭转在西方是空前的，这也是哥白尼式的革命。但在中国，则先秦儒家孟子早已如此。"[1]

孟子以自律道德为中心的实践智慧学，就是我华夏民族学术思想之大宗或正宗，通常称为心学，亦即孔孟之道。是故象山有曰："夫子以仁发明斯道，其言浑无罅缝；孟子十字打开，更无隐遁。"[2]自律道德即是吾辈本心自足的道德法则，是天之所赋予我者，非由外铄我也；是"求则得之，舍则失之，是求有益于得也，求在我者也"[3]。因此，"应该做或不应该做"之问题，绝不能依靠外部力量来决断，亦绝无可能依赖外部因素之有利、不利、可欲或不可欲来决断。是故一切享乐主义者或功利主义者的道德哲学皆是浅薄浮泛之胡言乱语，皆不足论。

---

[1] 牟宗三.圆善论[M].长春：吉林出版集团有限责任公司，2010.

[2] 牟宗三.从陆象山到刘蕺山[M].长春：吉林出版集团有限责任公司，2010.

[3] 牟宗三.从陆象山到刘蕺山[M].长春：吉林出版集团有限责任公司，2010.

然而，西方主流经济学似乎从来不曾深入思考人类行为的基本问题，也没有汲取康德扭转西方传统他律道德、阐扬自律道德之伟大思想，当然更没有正视和重视儒圣先哲尤其是孟子的自律道德智慧学。

西方主流经济学的基本哲学理念源自边沁浅薄的功利主义哲学，以所谓苦乐或效用作为人类行为之决定原则或法则。不仅如此，西方主流经济学从没有深入分析人类行为之不同阶段或不同的构成部分，将"应该做或不应该做"与"如何做"混为一谈，将人的全部行为皆看作某种追逐苦乐或效用最大化的自然主义行为。

20世纪之后，西方主流经济学将古典经济学原本还多少保留一点的"应该或不应该"之价值判断完全剔除出学术殿堂，经济学遂演变为一门所谓的"纯科学"。今日大行其道的所谓行为经济学或行为金融学亦是从"自然主义"立场来研究人的行为，只不过不再假设人的自然主义或功利主义行为总是遵循新古典经济学所声称的"完美经济人或理性经济人"假设而已。然而，行为经济学或行为金融学，亦从来不讨论人的行为之首出者乃是一个道德的判断或决断。

假若我们同意人的任何行为皆有一个道德的判断或"应该或不应该"的判断，那么，旨在研究人类经济行为的经济学就不能对价值判断置之不理。价值的判断既然决定行为当不当做，而且此当不当做之决定又是一切行为之首出者或具有决定意义者，是故经济学者如果漠视"当做不当做"之价值判断或行为决策，则对人类许多经济行为（更不用说人类其他行为了）之解释往往要么牵强附会，要么谬以千里。

融汇康德和牟宗三对人类道德法则或道德行为之分析以及经济学者对人类行为之分析，我们可将人类行为分为两个基本的构成部分：一是"以法则决定行动"之行为，一是"以效果或效用决定行动"之行为。

若依康德的术语，以法则决定行动就是依照道德法则来行动，依照无条件的命令来行动，依照意志的自律和自由来行动。若依孟子的术语，以法则决定行动就是"性分之不容已"之行动，就是"求则得之，舍则失之，是求有益于得也，求在我者也"之行动，就是"仁义内在"之仁义礼智之本心之"沛然莫之能御"之行动，就是"天理流行"之行动。以法则决定行动的行为，又可称为"义理之行"或"仁义之行"。

具体言之，此类行动是我们本心或本性之道德创造性必然涌现或必然发出的行动，它并不以该行为的效果或后果是否满足个体某种特殊目的为决定原则或指导原则，它是我们本心或本性（即人之为人之本质）必然要发出的行动。对比，《孟子·公孙丑章句上》中著名的"四端之心"的论述最为显明：

> 人皆有不忍人之心。先王有不忍人之心，斯有不忍人之政矣。以不忍人之心，行不忍人之政，治天下可运之掌上。所以谓人皆有不忍人之心者，今人乍见孺子将入于井，皆有怵惕恻隐之心——非所以内交于孺子之父母也，非所以要誉于乡党朋友也，非恶其声而然也。由是观之，无恻隐之心，非人也；无羞恶之心，非人也；无辞让之心，非人也；无是非之心，非人也。恻隐之心，仁之端也；羞恶之心，义之端也；辞让之心，礼之端也；是非之心，智之端也。人之有是四端也，犹其有四体也。有是四端而自谓不能者，自贼者也；谓其君不能者，贼其君者也。凡有四端于我者，知皆扩而充之矣，若火之始燃，泉之始达。苟能充之，足以保四海；苟不充之，不足以事父母。[①]

---

① 杨伯峻.孟子译注[M].2 版.北京：中华书局，2019.

我们看见一个小孩要掉到深井里面，立刻施以援手。我们救人的行为绝非为了"内交于孺子之父母"，绝非"要誉于乡党朋友"，绝非"恶其声而然也"。

此后三者，就是"以效果或效用决定行动"之行为，而非"以法则决定行动"之行为。我们对将落井的孩子施以援手，乃是发自我们的本心或本性之不容已，根本不是出于任何功利目的或对效用的考虑。推而广之，我们孝敬父母、友爱兄弟、帮助朋友、爱护动物、保护环境、救死扶伤、恤贫怜弱，如此等等之纯道德的行为或行动，皆是"以法则决定行动"之行为，非是"以效果或效用决定行动"之行为。

你孝敬父母，假若是出自某种功利或效用之目的，是希望父母多遗赠你一笔钱、多给你一套房，或帮你找到更好的工作，这些不是真正的孝顺，甚至与孝敬父母完全背道而驰，古人称此类行为是"禽兽之行"。依照经济学的说法，此类行为变成了纯交换行为，你孝敬父母是为了交换父母的金钱或其他各种好处。假若父母没有能力给你金钱或其他好处，你可能就不太情愿孝敬父母，甚至根本不孝敬父母了。历朝历代直至今日社会，此类"禽兽之行"多有，甚至恶劣到虐待父母，此乃人之本心或本性之丧失，亦即孟子所说的"失其本心"也。人一旦失去本心，完全没有"以法则决定行动"的行为，则与禽兽无异，甚至还不如禽兽。人的本心或本性具有"以法则决定行动"之行为，才是人之所以为人的本质特征，舍此即失去人的本性。

以法则决定行动的行为，是生命或人心之道德创造性所必然发动的行为，亦是提升精神价值或生命价值的行为。此行为的起点就是为善去恶的基本行为，就是我们日常所说的仁义礼智信之君子之行或君子之道。扩而充之，道德创造性之行为的最高蕲向或最高目标，就是成为人类最高精神或生命最高精神之体现，成为绝对精神之化身。

借用康德的语言，道德创造性的最高目标就是实践理性的最高目标，此目标就是达到或实现"最高善"。能够达到或实现最高善目标之人，就是康德所说的"理想的哲学家"。因此，道德创造性的行为乃是一个"下学而上达"的永恒的过程，世间未有一人能够声称自己已经成圣、成佛、成真人，恰如存在主义哲学奠基人克尔恺郭尔所说："我不知道什么是真正的基督徒，我只知道为做一个基督徒而永恒不懈地努力。"恰如《中庸》所说："君子之道，造端乎夫妇，及其至也，察乎天地。"

人们会说，深入讨论人性的道德创造性之本质和道德创造性之行为，与理解人类经济行为或经济现象有什么关系呢？这应该是道德哲学或伦理学讨论的课题，属于"应该做什么"的问题，与科学没有半点关系。此种论点听起来振振有词，亦合乎近代以来逐渐统治人类思想的科学万能主义或科学决定论的思维范式。

然而，任何对人类经济行为、经济现象和经济成就稍做理性客观思考的人都会认识到，一个国家、一个民族、一个地区的经济发展水平，人们生活的富裕和文明程度，尤其是经济增长的质量和人们生活的质量，包括利用什么资源、利用何种技术、采取哪种制度来实现经济增长，绝非狭义的、纯粹的经济力量能够完整解释。即使是经济学者坚信自己能够很好解释的人类三大核心经济问题——生产什么、如何生产、为谁生产，其实远远不是靠纯粹的经济力量就能够决定或解释的。

譬如，一个具有基本道德素养的商人，绝不会去制造假冒伪劣商品坑害世人；一个具有高尚道德品质的企业家，绝不会侵犯他人的知识产权；一个崇尚公平正义的民族和国家，一定会尽量设计一套经济制度，以尽可能确保社会财富的分配满足基本的公平和正义。简言之，生产什么、如何生产、为谁生产，首先是道德问题，或"应该不应该"的问题，其次才是知识问题或技术问题，亦即"如何做"的问题。

一个国家和一个民族的经济增长质量，首先取决于这个国家和民族全体人民的道德水准和素质。恰如美国文豪、思想家爱默生所说：衡量一个民族的文明程度，主要不是看她积累了什么财富，而是看她产生了什么样的人。

任何企业家都会告诉我们，唯有高素质的人才，才能发明、设计和制造出高质量的产品。一个热衷山寨、抄袭、制造和贩卖假冒伪劣商品的国家和民族，其经济增长的总体质量或平均质量肯定不会高，绝大多数民众的生活水平和生活质量也不会高。一个没有真正法治意识、没有完善知识产权保护制度的国家，不可能建立起持续的创新机制，亦绝不可能出现持续的、长期的原创性科技和思想创新，从而也不会具有持久的经济竞争力。一个没有基本的诚信意识的国家和民族，其经济活动必然陷入混乱，自然就谈不上持续的经济增长、高质量的经济发展和财富创造。

一个国家和民族的持续创新能力决定了她的经济竞争力，决定了她的经济增长质量，决定了她的财富创造和传承能力，决定了她在全球产业竞争中的地位。而持续的创新能力绝不仅仅是一个简单的技术问题，它首先取决于这个国家或民族的人的素质，亦即这个国家或民族的成员是否具有高度的道德创造性和知识创造性。

一个具有高度道德创造性的民族，不仅不会依靠抄袭、山寨的假冒伪劣产品来生存，而且会羞于设计、制造低劣技术的产品。他们始终致力于技术和产品的精益求精，始终追求卓越，精进不已；他们以探索和发现宇宙和人生的最高真理为己任，以献身最高层面的科学发明和技术创造为己任，以献身弘扬人类精神价值或生命价值为己任，从而能够不断创造出开辟人类生活新境界的新思想和新理念。

一个具有高度道德创造性的民族，必定是一个崇尚诚实守信、崇尚公平正义、崇尚自由独立、崇尚和尊重人权、崇尚法治精神、致力实现全民族和全人类共同幸福生活的民族。

正是这种道德创造性激励着人们不断提升个人的道德素养和精神修养，不断努力改进各项法治制度安排以确保每个人的自由和独立权利，不断改进各项政治和经济制度以促进每个人的创造力得到最大限度的发挥，不断推动整个民族人口素质的持续提升。

因此，我们完全可以说，道德创造性不仅对我们每个人的经济行为具有决定性，对我们的一切行为具有决定性，而且对一个国家和民族的政治经济制度和经济增长质量具有决定性。我们既然致力考察人类经济行为、经济现象和经济演变历史，怎么能够忽视人的道德创造性呢？

德国和日本以高质量产品和高精尖制造称雄世界，背后的核心力量是他们的民族精神：专注严谨、崇尚技术、精益求精、追求卓越。犹太民族人口占全球人口比例不过 2%，但获得的诺贝尔奖却超过全部诺贝尔奖的 25%。犹太民族在几乎所有领域，从思想、艺术、政治、科技到经济和金融均做出顶级的贡献，诞生了顶级的人物，背后的关键力量是犹太民族的独特精神：追求理性、特立独行、桀骜不驯、永不满足。这些事实是人类经济历史上最重要的事实和最重要的现象，经济学者岂能视而不见？又岂能以所谓的效用最大化行为模式来解释呢？

第三章

以效用决定行为及其从属性

"以效果或效用决定行动"的行为就是经济学者致力研究的行为。以效果或后果决定行动，就是说我们在决定行动之前，就要对行为后果进行预期、权衡或计算，经济学者所假设的"理性经济人"则是完全能够"以效果决定行动"的人，其行动完全以理性的经济计算或效用计算为准则，一切行为皆指向效用最大化，皆必须朝最大化效用或功利的方向迈进。

"以效果或效用决定行动"者，斯密在《国富论》中论述互利自私行为和"看不见的手"的著名段落讲得最精彩，张五常在《经济解释》中引述如下：

> 很多时候，一个人需要兄弟朋友的帮助，但假如他真的要依靠他们的慈善之心，将会失望。倘若在需求中他能引起对方的利己之心，使对方知道帮助他人是对自己有益的事，那么这个人的成功机会较大。任何人向他人提出任何形式的交易建议，都是这样想：给我所需要的，我就会给你所需要的——这是每一个交易的含义；而我们从这种互利的办法中，获得的会比我们所需的更多。我们的晚餐可不是来自屠夫、酿酒商人，或面包师傅的仁慈之心，而是因为他们对自己的利益特别关注。我们认为他们给我们供应，并非行善，而是为了他们的自利。
>
> 每个人都会尽其所能，运用自己的资本来争取最大的利益。一般而言，他不会意图为公众服务，也不自知对社会有什么贡献。他关心的只是自己的安全、自己的利益。但如此一来，他就好像被一只看不见的手引领，在不自觉中对社会的改进尽力而为。在一般的情形下，一个人为求私利而无心对社会做出贡献，其对社会的贡献远比有意图做出的大。①

———————————

① 张五常. 经济解释（二〇一四合订本）：收入与成本[M]. 北京：中信出版社，2014：89–90.

当代行为经济学或行为金融学亦是研究"以效果或效用决定行动"者，只不过不固执于完全理性经济人假设，譬如，荣获 2017 年诺贝尔经济学奖的芝加哥大学教授理查德·塞勒就主要研究人们为什么会有看起来"错误的"经济行为。此类错误的经济行为其实亦是人们"预期或计算或权衡"的结果，我们需要研究的则是人们为什么会犯错或者为什么会计算错误。

以效果或效用决定行动之行为，本质上就是一种基于自然规律或物理化学定律的因果关系。此行动是否能达到预期或预想之目的或效用，则取决于相关的自然规律或物理化学定律。经济学所致力探讨者，亦是此自然规律的一部分。我们之所以决定如此行动，盖因为我们预想或预期如此行动能够达到我们希望达到的效果或效用。

此义看似简单，实则复杂。约略言之，概有四义：

其一，我们的任何行为皆面对许多局限条件或限制条件。譬如我们希望享受舒适或奢华之生活，此类行为必然受到我们所拥有的财富或收入水平的限制，此乃经济学者最喜研究者，名曰预算约束条件。再譬如我们希望拥有某种科技专利或土地权利，我们除需要有相应的购买力（收入）之外，还必须获专利或土地权利拥有者自愿出售，我们的行为必然受到产权及相关法律之约束，此乃 20 世纪经济学大放异彩的一个重要分支，亦即产权经济学，得力于科斯和张五常等诸位大师的杰出贡献。

探求人类经济行为背后的局限条件或约束条件，或者知道约束条件如何改变以推测人类行为如何改变，乃实证经济学的主要任务。看似简单的行为，背后的局限条件却并不简单，经济学者往往终其一生难窥究竟。米尔顿·弗里德曼的旷世巨作《消费函数理论》被誉为现代经济学发展史上的一个重要里程碑，其实只不过说明我们如此这般的消费行为究竟是受到哪种条件约束而使然。譬如固定收入者（如工薪人士）相较于临时收入者

（如个体投资者），其消费占收入的比例较高。此类现象看似平淡无奇，但其实背后隐藏着重要的经济规律。弗里德曼研究此类现象，发现永久收入预期是决定人的消费行为最重要的局限条件，确属石破天惊的重要科学结论。张五常教授的毕生学术成就，即致力于探求经济行为背后的局限条件，或局限条件转变之后人的经济行为如何改变。他深入考究过的奇妙经济现象数之不尽，皆能发前人所未发，给人启发良多。

其二，我们可进一步追问：局限条件因何改变？用不着经济学者教导，我们也知道政治法律制度往往是决定人的行为最重要的局限条件。政治法律制度的转变实在是社会科学的复杂课题，背后原因一言难尽。经济学者致力探讨政治法律制度局限条件转变者不乏其人。此类局限条件的转变又牵涉到其他局限条件的转变，若如此追问下去，将永无宁日。是故有高明之士叹曰：历史追问下去是一个无底深渊，经济学亦如此，其他一切学问皆如此。所以经济学和一切社会科学说到底都是"半拉子逻辑"，追问到一定程度，则不可能再追问下去，因果链条永远环环相扣，原因背后还有原因，所以像休谟那样的怀疑论者不相信追寻因果关系能够找到终极真理。

其三，具体行为方向的选择。给定局限条件（如预算约束、产权约束、政治法律制度约束），人们的行为依然具有许多可供选择的方向，究竟选择哪一个行动方向，则由需求定律来确定。需求定律就是局限条件下的利益最大化或损失最小化（租值消散最小化），亦即所谓的效用最大化和利润最大化，此乃主流经济学的核心哲理基础。

张五常教授认为经济学唯一重要的理论基础就只是需求定律，因为人类一切行为皆不能违反需求定律。吾以为人的一切行为虽然并不违反需求定律，然而需求定律却并不能解释人们面向未来的创造性行为，是故吾尝试提出"面向未来的创造性"行为假设和研究范式，以解释人的创造性行为。正如生命的起源和演化并不违背物理学定理，然而物理学定理本身却不能解释生命的起源和演化，生命的起源和演化自有其特殊规律。以需求定律为核心原理的主流经济学自有其广大的运用范围，我并不否认人的经济行为皆必须遵守和不违背需求定律之基本原则，然而，不违反和遵守需求定律并不意味着需求定律能够对人类的一切行为做出令人信服的解释，尤其是它无法很好地解释面向未来的价值创造。

其四，人的行为是否必然能达到预期或预想之效果，不仅受自然规律支配，而且过程本身充满不确定性。譬如行动一旦开始（譬如投资买卖股票或者创业开办公司），各种约束条件或局限条件可能发生重大变化（市场环境出现巨变、政策和法律发生改变等），致使人的行为根本不能实现预期或预想的效果，于是我们必须根据新的约束条件或局限条件来调整行为方向，是故经济体系本质上不是一个机械的或线性的体系，初始条件给定之后就能计算出结果。经济体系本质上是一个创造性体系+适应性体系，即我们必须随时准备根据变化了的局限条件来调整行为方向。

综上四义，"以效果或效用决定行动"之行为乃孟子所说"求之有道，得之有命"之行为。我们根据局限条件或初始条件，依照人性内在之需求定律，确定一个行动的方向，并预期或预想某种结果。然而，我们的行为是否能够最终实现预期或预想的效果，则充满不确定性，所谓"得之有命"也。

"以法则决定行动"之行为乃是孟子"求则得之，舍则失之"之行为，此行为不以预期效果为指导原则，乃是我们本性"性分之不容已"的必然行为，无论结果如何皆应如此行为，"虽千万人吾往矣"！

实证经济学所致力研究者，乃是"以效果或效用决定行动"之行为，全然忽视"以法则决定行动"之行为。然细思之，我们的一切行为皆由此两类行为构成，而且"以法则决定行动"之行为乃首出者，是故我们要全面透彻理解人类行为，必须将两类行为综合考虑，尤其不能忽视"以法则决定行动"之人类行为的极端重要性，盖此乃人之为人的本质特征。

"以法则决定行动"之行为和"以效果或效用决定行动"之行为的差别，可谓差之毫厘，谬以千里。恰如孟子所说"人之异于禽兽者几希"，人与禽兽之别就在于人乃一个价值生命的存在，而不仅仅是一个自然生命的存在。人作为价值生命的存在和理性的存在，"以法则决定行动"之行为或者说道德法则决定之行为必然为首出者，"以效果或效用决定行动"之行为必然附随或隶属于"以法则决定行动"之行为。

主流经济学者将两类行为混为一谈，甚至以实证经济学方法来解释"以法则决定行动"之行为，多为牵强附会之解释。这不仅无助于我们理解人类行为，而且有贬损人类生命价值之危害。譬如，以"经济学帝国主义者"自居的芝加哥学派的一些经济学者（以1992年诺贝尔经济学奖得主加里·贝克尔为代表）运用实证经济学的方法解释爱情、婚姻、家庭、犯罪、种族歧视等问题，虽不乏精彩见解，但往往扭曲和忽视了此类问题的真正原因或本质特征。

以上对两种行为之区分，并不否认主流经济学致力将外在的经验事实作为研究对象，以试图解释和推测我们的经济行为。因为，我们一旦决定"应该做或不应该做"之后，则必然要面临"如何做"之问题。如何做之问题即是经验知识或科学知识所力图解决者。譬如，我们希望消除贫困或减少收入分配的两极分化，以实现一个相对公平和公正之社会，此必然属于"应该做"之事项，然而达此目的必须有经济学、社会学、自然科学等经验知识的指导。

厘清了"以法则决定行动"之行为和"以效果或效用决定行动"之行为，我们须进一步厘清何为"经济行为"。

第四章

何谓经济行为？

经济学以人的经济行为为研究对象，然则何谓经济行为？看似孩童都知道的常识问题，其实并不容易回答。我们须深思与明辨之。古典经济学者将人的经济行为概括为生产、交换和消费，延伸之则包括生产、交换、消费、投资、储蓄等。新古典经济学教科书习惯将人的经济行为概括为"生产什么、如何生产、为谁生产"，从生产角度概括人类一切经济行为，此皆是根据事实所做的归纳总结，不是逻辑上的定义或实质上的提炼。

古典经济学和新古典经济学从逻辑上对经济行为的定义，则是"效用最大化"之行为（对个人和家庭而言）或"利润最大化"之行为（对企业而言）。

此定义至少有两重意思：

其一，经济行为是以效用或赢利为目的之行为。利润之经济含义并不简单，与通常所说会计意义上的企业利润之含义并不相同，然而人们一般大体知道利润究竟意味着什么。效用则不然，效用（又称为功用或功利）听起来好像是人们的一种心理感受，但很多古典经济学者却相信效用实有其物。

其二，经济行为之结果是可以量度的效用或利润。无论是经济理论意义上的利润，还是财务会计意义上的利润，皆能够以货币量度。效用的量度曾经是经济学的一个热门话题，所谓基数效用和序数效用之争论困扰经济学者百多年。芝加哥学派大师施蒂格勒曾经发表名篇《效用理论发展史》，回顾效用理论百多年发展史，忍不住对各种效用定义和量度的争论破口大骂。无论如何，经济行为是可以某种数量指标（如货币单位）量度其目的或效果的行为，此义无疑。

古典经济学和新古典经济学对经济行为之定义，可谓差之毫厘，谬以千里。首先，将经济行为定义为有目的之行为，此并不错。人的一切行为皆有目的，此乃人之为人的本质。然而，以效用或功用来定义经济行为之目的，却是一种漫无边际、浮泛不实的套套逻辑，根本没有抓住经济行为的本质。何有此说？盖人之一切行为皆可说是为了满足或获得某种效用，经济行为如此，政治、宗教、教育、艺术、军事、吸毒、犯罪……举凡一切人类行为，何尝不是为了满足或实现某种效用或功用？是故此定义根本无法区分人之经济行为和其他行为。20世纪后期，以加里·贝克尔为代表的所谓"经济学帝国主义者"，试图应用经济学逻辑方法分析人类一切行为（爱情、婚姻、犯罪、欺骗、种族歧视等），亦是效用最大化学说或效用理论之运用。经济学帝国主义思维方式的是非功过，见仁见智，然而将经济学的逻辑方法不加区别地应用于人类一切行为的分析，虽不乏创新之见，但毕竟有穿凿附会、牵强比附之嫌，对我们正确理解人类行为并无多大裨益。是故此定义从基础理念上有重大缺陷，应该放弃。

其次，将人类经济行为之方向定义为"最大化"（效用最大化和利润最大化），是新古典经济理论逻辑架构的中流砥柱，是全部新古典经济学理论赖以成立的公理化假设。假若放弃此基本假设，则必然动摇主流经济学大厦之基础，吾辈则必须重建经济学大厦之基础。吾撰写此书之基本动机，正是希望劝说经济学者放弃效用最大化和利润最大化之基础假设，或者至少对该假设做些重要补充。

最大化是一个数学概念。求解一项行动或行为是否具有最大值，至少需要满足两个前提条件：第一个条件是该项行动或行为的自变量和因变量及其相互关系能够用明确的数学方程式来描述（譬如一个明确的利润函数或效用函数）；第二个条件是影响或决定该行动或行为的因变量具有确定的边界或约束（譬如决定利润的生产要素投入或决定效用的预算约束或财富总量约束）。满足这两个基本条件，依据拉格朗日极值原理即可求出最大值。假若一项行动或行为根本无法用明确的数学方程式来描述，影响该行动或行为的各种因素或变量难以明确规定且时刻处于变化之中，则我们绝对没有任何可能求出该行动或行为的极大值。

经济学者显然是从经典物理学描述机械运动的数学方法里受到启发，希望为描述人类经济行为找到明确的数学方法。微积分的发明正是源于牛顿和莱布尼茨希望以精确的数学方法来描述和计算宇宙天体和自然界物质的运动。19世纪经济学者发现人类消费行为的边际效用递减和生产行为的边际规模收益递减原理，微积分立刻成为经济学者描述人类经济行为的最佳方法。经济学领域的边际效用革命堪比物理学领域的牛顿革命。经济学者为他们能够精确计算人类经济行为而欣喜若狂。进入20世纪之后，数理经济学、计量经济学开始大行其道，概率论、博弈论和其他许多复杂的数学工具纷纷被引入经济学领域。数学模型遂成为表述经济学理论的标准工具，没有数学模型建构和演算的经济学论文逐渐被踢出经济学术殿堂，经济学因此赢得了堪与物理学相媲美的硬科学地位。1969年诺贝尔经济学奖设立，将经济学加冕为"社会科学的皇冠明珠"（萨缪尔森语）。

由此可见，最大化公理几乎囊括了主流经济学理论的全部精华，萨缪尔森的诺贝尔奖获奖演说就以"经济分析的最大化原理"为题。

其一，最大化原理必定需要假设人为理性经济人，无论是完全理性的经济人还是有限理性的经济人。理性经济人之理性，与康德《纯粹理性批判》和《实践理性批判》所说之理性并不相同。理性经济人之理性主要包括三个能力：经济行为相关信息的收集和处理能力，计算行为结果的能力，根据信息和计算结果进行决策和行动的能力。所谓完全理性，就是假设人具有无限的信息收集和处理能力，当然也具有无限和完美的计算和行动能力，能实现或达到那个终极的最大化结果。所谓有限理性，就是说人的信息收集处理、计算及行动能力有限，然而人依然能够在有限理性限制下达到"局限下的效用最大化"。

当代行为经济学所研究的经济行为是那些看起来"非理性"或错误的行为。行为金融学大师级人物罗伯特·席勒和不对称信息经济学大师级人物乔治·阿克洛夫先后合著《动物精神》和《钓愚》两部著作①，集中讨论人类那些看起来非理性、愚蠢、偏执、欺骗、犯错误的行为；2017年诺贝尔经济学奖得主理查德·塞勒毕生致力于观察那些主流经济学"理性行为"假设不能解释的现象。

依笔者看来，行为经济学家所研究的"非理性"行为之非理性，颇像当年热闹非凡的外部性行为。人的行为看似非理性、愚蠢、偏执、错误，可能是我们没有将人的行为的所有局限条件考虑进来，假若真能将人的行为的一切局限条件都考虑进来，那么，人的行为就既没有所谓的外部性，也没有所谓的非理性。譬如，塞勒喜欢举的一个例子：一个人为了节约10美元，选择自己修剪花园，而邻居出价10美元请他帮助修剪花园他却不愿意。依照理性经济理论，节约10美元和赚10美元等价，现实中却表现为不等价，此为非理性。其实并不是什么非理性。自己修剪花园除了节约10美元外，还能锻炼身体、享受劳动之乐；为了10美元受雇于邻居可能有损面子，假若将如此等等的所有因素都考虑进去，何非理性之有？再如某些投资者在市场下跌时不忍斩仓，结果要遭受巨额亏损，塞勒以所谓"禀赋效应"，即人们对已经拥有的东西之估值高于没有拥有时来解释，看似所谓非理性的不斩仓行为，其实亦可能是投资者不知道或无法知道全部市场信息，相信市场总会收复失地。此类行为也谈不上非理性。无论如何，最大

---

① 《动物精神》和《钓愚》两部著作的简体中文版2016年已由中信出版集团出版。——编者注

化假设所引申或暗含的"理性经济人"假设，是主流经济学的核心理念，亦是诸多经济学流派分道扬镳之分水岭。

因此，恰如经济学历史上所谓外部性和内在化的区分并不能刻画人类经济行为的本质一样，人之经济行为的本质差别并不是理性和非理性之差别。易言之，理性和非理性并不是人类经济行为的内在本质之所在。

如果说人类经济行为有一个本质的差别，那就是"面向未来的创造行为"和"面向现在的选择行为"。此义后文详论。

其二，最大化公理必然要求理性经济人能构造一个效用函数或预期收益函数，所以拜读任何一篇经济学学术期刊论文，总能发现五花八门的效用函数或预期收益函数。假设人类经济行为本质的差别是所谓完全理性、有限理性和非理性，那么，对应于所谓效用函数，就是函数所包含的变量个数之差别（函数变量全面或不全面之差别）。因此，一切经济行为原则上皆有一个效用函数。然而，假设人类经济行为本质的差别是"面向未来的创造"和"面向现在的选择"，则前者根本不可能有任何效用函数，以效用最大化或利润最大化来分析面向未来的创造行为，根本是牛头不对马嘴；以效用最大化来分析面向现在的选择行为，则差强人意，实际亦不是最佳方法。

其三，最大化假设必定要求所谓效用函数或预期收益函数具有相当的稳定性，方程式本身具有相当的稳定性，方程式里面所包含的变量也有相当的稳定性。假若效用函数或任何其他描述经济行为的函数缺乏基本的稳定性，则任何计算皆不可能。经济预测完全基于预测方程式（组）及其变量的稳定性，否则预测根本不可能。如果我们同意人类经济行为可以划分为面向未来的创造性行为和面向现在的选择性行为，则前者从本质上就无法预测。

顾名思义，面向未来的创造根本就没有任何函数可以描述，当然更谈不上所谓稳定的函数关系式和变量。即使是面向现在的选择性行为，其函数方程式也非常不稳定，方程式里的变量也经常改变，所以经济预测的结果经常让经济学家蒙羞。这并不是经济学家智力不足或愚蠢，而是人类经济行为或经济体系内在本质之必然，本来无关经济学家的智力或贤愚，无奈经济学家自己给自己套上一个沉重的枷锁，非要声称自己能够预测一切，将预测的精确性当作经济学理论的试金石，根本就没有深思人类经济行为之本质，尤其是没有深思面向未来的创造性行为之本质。作茧自缚，于斯为甚！

为什么经济学者能够勉强预测物品价格变动与实际供求量之间的关系（譬如所谓的"猪周期"或"石油周期"，利率变动与投资的关系，房价变动与房屋供求的关系，等等）？为什么经济学者能够勉强预测或推测短期内（譬如3年内）经济增长速度以及贸易、投资和消费增速？因为多数商品和服务的供求与价格之关系短期内能够维持大体稳定，经济学者根据数学方程进行的预测大体可以不出趋势之外。然而，一旦面临经济局势的剧烈波动，经济学者就连最基本的供求变动与价格变化之关系亦无法预测，因为各个变量之间的函数关系极不稳定。

经济学者更无法预测经济变量之间的长期关系，最多只能做出一些原则性的预判，因为任何商品和服务之供求和价格之间的关系都非常不稳定，描述供求和价格之间关系的数学方程式根本无法预测长期的变动。我们看到世界上那些最具权威性的经济金融机构，譬如世界银行、国际货币基金组织、美联储等，对经济趋势的预测常常是每个季度甚至每个月都要做出调整，每当有大的事件发生之时，这些机构都要相应调整它们之前的预测。调整越频繁，意味着之前的预测就越不准确，本质上就是无法预测长期趋势。

经济学者预测供求关系和价格变动的短期趋势还算差强人意，却根本不能预测或推测重大工业革命的来临、伟大公司的勃兴、伟大企业家和创新者的崛起、金融和经济危机的降临，以及国家的兴旺发达或崩溃衰落。

囿于所谓理性和非理性、最大化和最小化，局限于所谓效用函数和生产函数，局限于供求分析架构，新古典经济学不仅无法预测这些人类最重大的趋势性事件，而且根本解释不了这些重大历史事件。这样的案例数不胜数。譬如，第二次世界大战结束之时，一些凯恩斯主义经济学的追随者——或者所谓凯恩斯主义者——根据总供给和总需求的分析架构，不仅预言战败国日本和德国将陷入长期萧条，还预测美国经济也将陷入长期衰退，结果事实无情地反驳了这些荒唐的预测。

事实上，没有哪个使用新古典分析架构的经济学者曾经预测到第二次世界大战之后德国和日本的经济奇迹。以创建超级复杂的宏观经济预测模型闻名于世的诺奖得主劳伦斯·克莱因曾经坦率承认，当经济形势相对稳定之时，他的宏观经济联立方程组还能够近似估计或预测到经济的短期趋势，进入 20 世纪 70 年代，石油危机、通货膨胀、滞胀纷至沓来，他的宏观经济预测模型则完全失效。1976 年，罗伯特·卢卡斯提出著名的"卢卡斯批判"来解释宏观经济预测的失败，却没有深入探讨新古典宏观经济学背后理论基础的根本缺陷。

概而言之，对"面向现在的选择"行为，经济学者大体能够预测或推测之，如现有商品和服务的价格变动与供求变动之关系。大多数经济学者谈论经济现象，基本都是围绕供求分析做文章，此乃"局限条件下最大化"分析范式的主要用途所在。面向现在的选择行为可有一个相对稳定的效用函数或预期收益函数，当局限条件给定（即变量个数及其相互关系给定），即可求得最大值。局限条件下最大化（效用最大化和利润最大化）、需求定律或供求分析常常被称为比较静态均衡分析。以此而论，古典经济学和新古典经济学亦可谓逻辑自洽的理论体系。

然而，对于"面向未来的创造"行为，古典经济学"局限条件下最大化"的基本范式则无法提供任何有说服力的解释。从数学上说，面向未来的创造行为根本不可能有任何稳定的效用函数或预期收益函数，所谓局限条件（变量个数及其相互关系）不仅事先无从知晓或难以预测，而且局限条件随时剧烈变动，既没有稳定的效用函数，也没有任何可以确定的局限条件。那么，如何求解行为效用的最大值并以此做预测呢？

第五章

人类经济行为之划分和义利之辨

我们需要详尽阐述人类两种本质上不同的行为。经济学以人的经济行为为研究对象。经济学者对人的经济行为有多个角度和层面的划分,并试图对不同的经济行为给予统一的阐释,如生产、交换、消费行为之划分(古典经济学的重心),投资、储蓄、消费之划分(凯恩斯理论的重心),外部性和内在化行为之划分(产权和交易费用经济学的重心),理性和非理性行为之划分(行为经济学的重心),个体行为和总体行为之划分(宏观和微观经济学之分野)。

上述区分皆有各自的道理和启发意义,代表着经济学者观察或考察人类经济行为的不同视角,亦从不同角度把握住了人类经济行为的不同层面的特征和本质。

我提出人类经济行为两个新的划分。第一个是"以法则决定行动"之行为与"以效果或效用决定行动"之行为之划分;第二个则是"面向已知资源禀赋的选择行为"与"面向未知的创造行为"之划分。这两个观察人类经济行为的视角,皆源自人之所以为人的内在本质。

人之所以为人,其超越的本质就是人心或人性的无限创造性,此是一心开二门:人心既开出道德(精神)创造性之门,亦开出知识(物质)创造性之门。人心的道德创造性决定了人的一切行为必定以"应该或不应该",即"以法则决定行动"之行为为首出者,"以效果或效用决定行动"之行为则为后继者或附属者。

所谓以法则决定行动,即是道德的行动或依照道德法则判断是否应该行动;以利益或效果决定行动,则是依照自然法则或自然规律(物理的、化学的、生物学的、经济学的、社会学的等等之规律)来决定如何采取行动以达到预期效果。依照康德哲学的词语,前者是意志自律之行动,后者是意志他律之行动。

为深入理解两类行为的本质区别，兹引述牟宗三先生《从陆象山到刘蕺山》一书中所引用的康德所著《实践理性批判》第一章《纯粹实践理性底原则》中的一段话：

最普通的智思亦能很容易而无迟疑地看出在意志之自律底原则上所需要去做的是什么；但是在意志之他律底假设上去看出什么是要去做的，那却是很难的，而且需要有世界底知识。此即是说，义务是什么，这对于每一个人其自身就是坦然明白的；但是什么东西可以带出真正而持久的利益，此如"将要扩展到一个人的生命之全部"的那种利益，这却总是被蒙蔽于不可渗透的隐晦中；而且要想把基于利益上的实践规律适合于生命底各方面（各种目的），甚至因做出适当的例外而亦容忍地把它适合于生命底各方面。这总是需要很多的审虑的。但是道德法则对每一个人命令着最严格的遵守；因此，去判断那道德法则所要求被做成的是什么，这却必不是如此之困难以至于最普通而无训练的理解，甚至没有世俗的审虑，便一定不能正当地去应用这道德法则。[①]

意志之自律底原则就是先验的道德法则，即发自吾辈道德本性或本心的先验道德法则，即孟子言"本心即理"、象山言"心即理"、阳明言"致良知"之意义上的道德法则，此法则为吾辈本心具足，非由外铄，由此本具自足的道德法则所决定的行动或行为就是意志自律底行动或行为，亦即"应该或不应该"之行动或行为。此行为或行动之决定，绝不依靠外在的经验的知识或经验的规律，"最普通的智思亦能很容易而无迟疑地看出所需要

---

① 牟宗三. 从陆象山到刘蕺山 [M]. 长春：吉林出版集团有限责任公司，2010.

做的是什么"。意志之他律底原则就是经验的自然法则，即吾辈经由经验知识的追求探寻，或经由生活经验的积累或磨炼所获得的关于外部世界的知识、规律、判断或预期。从哲学上区分，所谓意志之他律底原则约有三类：一是基于利益之他律，其所需要有的世界底知识是先验的。譬如快乐主义或功利主义基于利益，基于幸福，基于效用，等等，就是典型的意志他律底原则。西方主流经济学的哲理基础就是功利主义或快乐主义（所谓效用大体可理解为一种心理满足的感受或愉悦）。二是基于存有论的圆满之他律，其所需要的世界底知识是理性的。三是基于上帝底意志之他律，最初是诉诸恐怖与权威，最终亦必然需要有关于世界底知识，这知识或是经验的或是理性的。譬如神学所提供的关于上帝的知识就是一种理性的知识（思辨理性的知识），科学所提供的关于自然现象的知识就是一种经验的知识。

　　大体而言，西方思想文化传统以为人的行为必定基于意志的他律，是故西方传统发展出复杂深奥的神学体系，逐渐发展出系统的自然科学知识和社会科学知识，以为吾辈行动之法则，直至康德才重视人作为价值主体之主体性原则，然而西方始终没能完全开辟出意志自律之传统，没有开出价值主体和价值之源，始终希望从科学或经验知识里寻找人的价值之源，结果陷入种种怀疑主义、虚无主义、存在主义，以及"上帝已死"的哀叹。到20世纪后期和21世纪，才有少数西方科学家开始重新寻找价值之源和价值主体，开始重新寻找"神圣"，如演化生物学家、混沌理论开拓者之一斯图加特·考夫曼2008年出版《重新发明神圣》①，就是试图抛开上帝，单纯从宇宙自然之无限创造性里重新找到价值、主体和意义；相反，东方（中国）思想文化传统则重视基于意志自律之人的行为，是故特重人的价值

---

① 参见 Stuart A. Kauffman, *Reinventing the Sacred: A New View of Science, Reason, and Religion*, Published by Basic Books, 2008.

主体之本质，特重心学或内圣之学，经验科学的传统却没有开辟出来。

以法则决定行动和以利益决定行动之辨，其实就是华夏数千年历史长河中始终存在的"义利之辨"。吾今日重提义利之辨以改造经济学，乃因为人的经济行为必然包含以法则决定行动之行为和以利益决定行动之行为两个组成部分，二者绝不能混同为一。吾辈尊重主流经济学致力探讨人类经济行为之规律所获得的重要成就，所谓"效用最大化"和"利润最大化"皆是以利益决定行动之行为范式；吾辈亦须明白人的任何经济行为必然包含"以法则决定行动"之行为，且此行为为首出者或具有决定意义者。吾辈为建立人类美好社会，为促进人类经济利益，固然需要努力探索现实经济行为或经济现象之规律，亦须高度重视"以法则决定行动"对人类一切经济行为的约束或规定。

纵观世界，我们看到世界各地无时无刻不发生各种欺骗、欺诈、盗窃、制假、贩假乃至蓄意谋财害命的经济行为；我们看到众多不法商人为一己之利不惜损害众人之利，不惜破坏环境、遗祸子孙；我们看到各种令人愤怒的"恶经济"行为泛滥不止，天下熙熙，皆为利来，天下攘攘，皆为利往。经济学者试图以经验科学的分析方法来剖析此类行为何以发生以及如何防止或遏止，譬如席勒和阿克洛夫试图以实证经济方法解释人之各种非理性或欺骗犯罪行为。从探索经验知识或经验规律之层面而言，此种研究甚有价值和意趣；然而，若从遏止或禁止或减少此类行为以建设良好经济社会秩序而言，经验知识或经验规律可助益者实在有限，盖此类行为之泛滥主要源自道德意识之丧失或本心之丧失。经济学者试图以增加犯罪成本、改善法律制度以增加犯罪或欺骗之难度来遏止或减少此类行为，虽然不无道理或不无效果，然则终不是根本的办法。吾辈虽不欲或不能成为道德说教者，然而人类社会经济秩序从本质上而言依赖于人类内在的道德本心，绝不是依赖所谓经济行为的经验规律，此则必须首先阐明者。科学之昌明、实证经济科学之兴起，让吾辈觉得人类社会经济秩序依赖所谓自然规律（自然科学和经济学所发现之规律），此则是莫大的误解。人类社会之所以能够有序生存和发展，自然规律之指引或遵守只是辅助性的力量，真正的力量是人类"以法则决定行动"之道德的力量。诚信、公正、尊重知识、尊重产权、扶危救困、救死扶伤、孝悌忠信、礼义廉耻，是任何社会得以有秩序生存发展的根本力量，不是依靠所谓自然规律的指导。是故20世纪美国经济思想大师弗兰克·奈特反复强调：社会秩序的本质不是经济学所发现或发明的经济规律，而是宗教所启发的内在道德力量。是故吾辈今日研究经济学，若不仅仅是"为了研究经济学而研究经济学"或"为了知识而研究知识"，而尚怀有建设人类美好经济秩序之愿望，那么，吾辈除努力探求人类经济行为的经验规律或经验知识之外，必须高度重视"以法则决定行动"之行为，高度重视道德自律之义理的阐发。吾辈不能以科学之名否定道德之力量，尤其不能自诩所谓实证经济学或实证科学是"科学之皇冠"，而极力贬斥规范经济学（即讨论当该不当该的问题），极力贬斥人的价值主体地位和价值之源。吾辈若彻底否定或抛弃"以法则决定行动"之行为，否认此行为为首出者、决定者，为人之最本质的相关者，为吾辈一切经济行为或人类一切经济现象之最终决定者，为人类经济社会秩序之最终基石，为吾辈建设美好经济社会所必然依赖的最本质力量，那么，全部经济学就变成没有价值（人之所以为人之价值）、没有灵魂（人之所以为人之灵魂）、没有主体（人之所以为人之主体）的一门纯粹经验学问或经验科学，就会演变成为一种纯理智游戏或数学游戏。今日主流经济学大体就是一种纯理智游戏或纯数学游戏。

第六章

面向现在的选择行为和面向未来的创造行为

乔布斯最喜爱的一句名言是：未来不是预测出来的，未来是创造出来的！此一名言，实在是高度概括了人类经济行为最本质的特征，高度概括了人类经济现象最本质和最重要的事实，值得经济学者深思。

以上我们已经尽可能详尽地阐明了"以法则决定行动"之行为与"以效果或效用决定行动"之行为之划分，接下来须进一步厘清"面向已知资源禀赋的选择行为"和"面向未知世界的创造行为"之划分。

爱因斯坦认为"人类世界的可理解性是一个奇迹，或者是一个永恒的神秘"。依照爱因斯坦的基本哲学思想，"在我们之外有一个巨大的世界，它离开我们人类而独立存在，它在我们面前就像一个伟大而永恒的谜，然而至少部分地是我们的观察和思维所能及的。对这个世界的凝视深思，就像得到解放一样吸引着我们。……在向我们提供的一切可能范围里，从思想上掌握这个在个人以外的世界，总是作为一个最高目标而有意无意地浮现在我的心目中"[①]。

爱因斯坦所说的我们的思维或思想能够掌握的这个个人以外的世界，就是人的知识或真理的创造性。爱因斯坦所说的奇迹，就是人的知识或真理创造性的奇迹。的确，如果说人世间或宇宙间有一个真正的奇迹，那就是人的创造性，它包括爱因斯坦极力赞叹的"从思想上掌握世界"的奇迹，以及东方智慧极力赞叹的人人皆能成圣成佛的道德上或精神上的创造性。这是生命的真正奇迹。

① 爱因斯坦文集（第一卷）[M].许良英，等编译.北京：商务印书馆，2016：2.

资源创造和资源配置之区分——创造性经济活动和适应性经济活动之区分

逻辑上，我们可以将人类经济活动区分为"创造性活动"和"适应性活动"。创造性活动是"从无到有"或"从 0 到 1"；适应性活动则是"因时制宜"、"因地制宜"或"从 1 到 N"。

创造性活动是通过创造新的事物（思想、产品、服务、设计、科技、制度、组织等）和新的资源来创造新的价值，适应性活动则是利用已有（已经存在）的事物或资源来创造新的价值。创造性活动包括熊彼特所说的"创造性毁灭"，即新的事物替代或毁灭掉旧的事物；许多创造性活动并不是创造性毁灭，而是创造性补充、创造性增长、创造性组合。不过熊彼特的"创造性毁灭"非常恰当地刻画了一个创造性经济体系最重要的本质特征之一。

创造性活动和适应性活动最基本的区别是，前者是面向未来创造新的事物、新的资源、新的价值，是拓展人类活动或需求新的边界、新的疆域、新的境界、新的视野；后者则是适应（跟随）或根据现有资源来满足人类的需求。前者是开创未来，后者是追随或模仿现实；前者是立体思维或多维思维，后者是平面思维或直线思维；前者是创造质的不同，后者是推动量的增加。

换成经济学者喜欢用的术语，创造性经济活动属于"定价者"的活动范围，适应性经济活动则属于"受价者"的活动范围。描述创造性经济活动和适应性经济活动的最佳案例，是乔布斯最喜欢引用的福特汽车创始人亨利·福特的故事。福特曾经多次如此描述自己如何创造新的产品和新的顾客需求："如果我问顾客需要什么，他们只会告诉我：我需要一辆更快的马车。"简单听取顾客的需求，为顾客制造一辆更快或更好的马车，就是适应性经济活动；听取自己内心创造性动力的召唤，另起炉灶，从无到有，发明和制造汽车以取代马车，则是创造性经济活动。从无到有，从基础的科学思想开始起步，发明出互联网、个人计算机和智能手机，是典型的创造性经济活动；将已经发明出来的成熟的互联网技术、个人计算机和智能手机技术及其应用从美国推广到全球市场，则是典型的适应性活动。从基础的科学原理出发，以超越的想象力提出机器人和人工智能的想法并将这些想法转变为现实的技术、产品和产业，是典型的创造性活动；将别人已经发明出来的机器人和人工智能技术及其产品推广到其他国家或其他市场，则是典型的适应性经济活动。12世纪威尼斯城邦政府突发奇想，通过向普通公众出售定期还本付息的债券来筹集战争资金，是典型的创造性金融活动（尽管它是被紧迫的战争需要所逼迫出来的）；借鉴威尼斯国债或政府债券市场制度，将其应用到其他国家或地区，则是典型的适应性金融活动。爱迪生和特斯拉运用麦克斯韦的电磁学理论发明电灯和电机，是典型的创造性经济活动；将他们发明的电灯和电机推广到其他国家或地区，则是适应性经济活动……类似的故事或案例我们可以一直列举下去。

当然，如此区分并非说一切适应性经济活动里面没有"从0到1"的创造性成分，也并非说任何经济行为或经济活动都有某种程度的创造性或创新性。我们此处将创造性活动的创造性推到一种极端的程度，以便显示创造性活动或行为的本质特征。事实上，我们很难严格区分创造和创新。依照此处的定义，熊彼特在其《经济发展理论》中所描述的五种创新活动，多数是适应性经济活动或行为。在科学技术和商业历史上，许多重大的具有革命性意义的创造性突破，实际上正是持续的适应性活动或改进性活动不断累积的结果。

我们只能从逻辑上区分创造性活动和适应性活动，在现实中则不可能指明某项活动是完全的或纯粹的创造性经济活动，另一项活动是完全的纯粹的适应性经济活动，因为任何人的行为都包含创造性和适应性两个部分。

从价值创造角度看，两类活动均能够创造新的价值，只是创造新价值的手段不同。最简单的以物易物或商品买卖亦创造价值。在某种意义上，商品交换或买卖就是"免费午餐"，必定创造新的价值，这是市场的神奇威力所在，也是市场经济能够创造奇迹的重要机制。经济学者发明的消费者剩余理念和租值理念极富洞察力，大有用场，能够帮助我们理解市场交换的本质。任何创造性活动，哪怕是原创性的创造性活动，亦包含许多适应性活动。譬如，苹果公司设计生产iTunes、iPad、iPhone，必须购买许多成熟的技术和零部件，这种购买活动就是适应性活动，亦即苹果公司主要是一个受价者，它必须适应市场供求关系。然而，苹果公司设计和制造iTunes、iPad、iPhone是一种非凡的创造性活动，或主要是创造性活动而不是适应性活动，为什么？因为那是典型的"从0到1"的活动，它创造出全新的产品、服务、产业体系、产业生态圈或生态链，它不是已有产品和服务的简单模仿、改进或延展，亦不是已有资源的简单重新配置，它毁灭或替代旧有的产品、服务、产业链或产业圈，它是典型的熊彼特的理论意义上的创造性毁灭和创造性替代。苹果公司设计和制造iTunes、iPad、iPhone的过程包含许多适应性活动，但是适应性活动不是主导的行为，而是从属的行为。

创造性行为和适应性行为哪种行为占主导地位，决定了一家公司是创造性公司还是适应性公司，这是公司创造力的本质区别。苹果发明个人计算机，IBM、惠普、戴尔、联想等跟着制造个人计算机，虽然在设计上与苹果公司的个人计算机可以有相当大的区别，但是苹果个人计算机的发明才是真正的创造性经济活动，是"从0到1"，是创造性突破。英特尔公司率先发明出集成电路和中央处理器，那是现代信息技术时代最重要的技术突破和最重要的产品。很快，全世界涌现出无数芯片设计和制造公司，绝大多数公司追随和模仿英特尔的技术和产品路线。英特尔是真正的独创性公司，其他公司则主要是适应性公司。

一家真正独具创造性的公司，能够持续不断地突破人类技术和产业领域的边界、开创出新的技术和产业，它是拓荒者、开拓者、引领者。在它突破和创造出新的技术和产业领域之后，自然会有无数的追随者或模仿者，它们的主要工作是对开拓者的工作进行持续的改进和扩展。

由此我们可以看到，独具创造性的公司的行为具有如下根本性特征。

其一，开拓者或引领者决定了一个行业的技术和产品演进方向，这是经济学者最感兴趣的一种经济现象——路径依赖。如果向技术和产业边界突破的开拓者不止一个公司，而是多个公司展开竞争，而且皆具有独创性，那么未来技术、产业和产品的演进方向由谁决定呢？由某种无法事先预测的历史偶然性决定。人类历史的偶然性和随机性与必然性和决定性始终是一个辩证的关系。任何产业和技术的演进必然由创造性公司决定，然而哪项创造性技术最终决定未来产业的演化路径则具有历史的偶然性。以研究规模收益递增著名的斯坦福大学经济学者阿瑟·布莱恩曾经以数学模型来描述路径依赖和锁定形成的机制。经济学者最喜欢举的例子是微软的Windows操作系统和苹果的Mac操作系统之争，以及当年录像带格式的Betamax和VHS之争。所有产业和技术领域的演化路径必然由独创性企业决定，适应性企业或经济活动不可能主导任何产业的方向。这应该是人类经济和技术历史演变的一个基本规律。

其二，引领者所开拓的产业和技术路径一旦形成，会迅速吸引大量的模仿者和追随者，创造出新的需求、市场和辅助性产业（产品和服务），从而形成庞大的生态体系和产业圈（产业链）。生态体系越扩展，产业圈越广阔，市场规模越大，单个产品和服务的成本必然越低，这就是典型的规模收益递增。石油、电力、汽车、互联网应该是人类有史以来最庞大的产业生态体系和产业圈，它们亦最能体现规模收益递增。规模收益递增必然导致"赢者通吃"或"锁定现象"，也就是每个产业必然由少数几家或一家独创性企业主导、垄断或寡占。新古典经济学的完美竞争或原子式竞争现象根本不可能出现。新古典经济学亦根本无法解释规模收益递增必然导致的赢者通吃或锁定现象。

那么，创造性活动和适应性活动最基本和最本质的区别是什么？我以为最基本和最本质的区别是二者的 Vision（愿景）和 Perspective（视野）大异其趣。中文其实没有特别恰当的词语来翻译这两个英文词，可能以"境界"翻译为佳。王国维的《人间词话》论及诗词境界时如是说："词以境界为最上，有境界则自成高格，自有名句。"借用到人类其他活动之上，亦是非常恰当的描述。创造性活动和适应性活动的本质区别以"境界迥异"来描述最为恰当。境界当然就包括愿景、视野、技术、设计，等等，或许最重要的是品位。杨振宁先生曾经撰文阐述科学家的品位决定了科学家工作的原创性和重要性。人类一切创造性活动皆如此。唯有具有最高品位之人，才能有最高级别的创造。思想、理论、科学、技术、艺术、文化等，概莫如此。对于企业或商业领域的创新而言，科技和艺术的完美结合最能创造出全新的境界，从达·芬奇到乔布斯再到马斯克，皆体现了艺术和科技的完美结合。伟大企业家和创新者具有科学家的理性洞察力和艺术家的美学鉴赏力。正是艺术和科技完美结合的"境界"将人类的经济活动转向一个完全不同的或崭新的方向，将习以为常的普通资源转化为巧夺天工的产品和无限的价值，化腐朽为神奇。《易经·系辞上》有言：范围天地之化而不过，曲成万物而不遗。此之谓也。

境界最能刻画一个人的创造力，无论是纯粹思想、科学、技术、艺术，还是商业、经济或政治活动上的创造力，境界转换则天地一新。妙哉！所谓有境界则自成高格。天才和庸才端以境界高低来划分。最高境界则与"为物不二，生物不测"之天地之道融为一体，能窥见和体认宇宙万物人生社会那个最本质的价值根源和生命之源。最伟大的科学创造、艺术创造、技术创造、思想创造、政治创造、商业创造，皆是最能接近或完美体现宇宙万物"真善美"的创造。许多伟大的科学家、艺术家和商业大师皆有此内在的深刻体验。达·芬奇说，发现科学真理之人离上帝最近；爱因斯坦说，追寻科学真理让我们真正感受到上帝的存在；乔布斯说，最完美的音乐让人觉得与上帝同在！因为上帝就是无限的创造力（endless creativity）。

艺术和科技完美结合的"境界"，乃是人类最宝贵的资源（如果我们还能用资源这个似乎庸俗的词语来描述的话）。惜乎！经济学的数学模型却完全无法将最宝贵和最重要的资源纳入方程式之中，是故经济学者根本无法解释人类经济的创造性增长历程。试问，什么样的生产函数和效用函数能够描述达·芬奇、牛顿、麦克斯韦、爱因斯坦、乔布斯所彰显的人类最高级的创造力和创造境界呢？这种最高级的创造力是决定人类技术和经济演进方向乃至人类自身演变进化方向的真正力量。

经济学者喜欢谈论资源配置。确实，资源配置为经济学研究的永恒主题。根据效用最大化和利润最大化的分析范式，经济学者推导出决定资源配置的主要或唯一信号是市场价格或"看不见的手"。根据前面的分析，针对已有资源的配置活动是一种适应性经济活动，价格信号或"看不见的手"确实是指导适应性活动的主要机制或手段，然而，创造性活动的本质不是配置资源而是创造资源，资源的创造主要不是靠价格信号来引导，而是靠个人的愿景、视野或总而言之的"境界"来指导。

一个境界低下的商人只知道通过简单地模仿或抄袭他人的产品和服务来赚钱，一个境界卓越的企业家则矢志创造全新的产品和服务，矢志创造不同或独特性。境界低下的商人确实主要靠价格信号来引导或受价格信号的左右与支配，他们习惯于或擅长于价格战；境界卓越的企业家则主要受内在的创造性激情驱动，价格信号则是次要或无足轻重的，甚至赚钱或利润也只是创造性活动的副产品，不是主要目标或支配性目标。简言之，效用最大化和利润最大化的分析范式完全不适合创造性活动或创造性毁灭，只适合适应性活动。然而，人类经济的增长过程永远是或主要是一个动态的创造性过程，是故效用最大化和利润最大化分析范式只能解释人类经济活动非常次要的部分，却不能解释人类经济活动最重要和最本质的部分，更遑论解释人类经济活动的全部。

创造性经济活动和适应性经济活动之对照

适应性经济活动的基本特征：

- 适应性经济活动是一种选择性活动，是一个效用最大化过程。
- 适应性经济活动是一个信息搜寻过程。
- 适应性经济活动是一个不对称信息的处理过程。
- 适应性经济活动是一个边际效用递减或边际收益递减过程。
- 适应性经济活动亦具有某种相互学习、相互模仿、相互催化的过程，以便降低信息搜寻成本。

创造性经济活动的基本特征：

- 创造是一个不断试错和改进的过程。

- 创造是一个不断演化和积累的过程。

- 创造是一个相互启发或相互催化的过程：相互学习、相互刺激、相互竞争、相互摧毁、相互借鉴。

- 创造是一个不断适应和反馈的过程（正反馈和负反馈）。

- 创造是一个路径依赖和锁定的过程：规模收益递增。

- 创造是一个寻求差异、独特、垄断的过程。

- 创造是一个充满不确定性、惊讶和突变的过程。

- 创造是一个复杂性和多样性不断增加的过程。

- 生命系统是一个典型的创造性系统。

- 互联网也是一个典型的创造性系统。

第七章

创造的规律

人类历史的发展演变具有某种不可抗拒的必然性，还是仅仅是一些偶然事件导致的结果？哲学家和历史学家围绕这个问题争论了数千年。或许我们应该承认，人类历史的发展演变没有逻辑的必然性，只有辩证的必然性或历史的必然性。逻辑的必然性是指人类历史的发展演变过程可以从某种先验的规律推导出来，正如拉普拉斯妖所描述的那样，知道了初始条件和那个必然规律，以后发生的一切就尽在掌握之中。

辩证的必然性或历史的必然性是指人类历史发展演变的历程在事前是根本无法预知或预测的，事后却能够从纷繁复杂的事实里梳理出某种规律，或者说人类历史发展演变从非常长的历史视野来考察，能够看到一种大历史的或长期的规律性，然而人们事先永远无法知道具体的路径。就好比千万人攀登喜马拉雅山，我们只知道大家的终极目标是珠峰，然而每个人究竟如何登顶或能否登顶，却是根本无法预知的。

人的创造性是否具有某种必然性的规律？或者说是否具有某种先验的规律，根据这种规律能够事先预知人的创造性朝着哪个方向迈进？似乎我们只能说，人的创造性只具有历史的必然性或辩证的必然性，不具有逻辑的必然性。人的创造性必然朝向人的价值生命或精神生命的提升，必然朝向康德所说的"目的王国"或"自由王国"，迈向儒圣先哲所说的"圣人"之境，迈向佛家所说的"佛或觉悟"之境，迈向康德所说的最高善或牟宗三所说的"圆善"。然而，人究竟通过何种途径、以何种方式、经历多少时间才能达到价值生命或精神生命的至高境界？在这个过程中，人类的物质文明创造又将采取何种形式，将创造出何种制度和典章文物？恐怕没有任何先验的规律能够描述和预知。

因此，从经验事实的角度来考察，人的创造性所表现出来的基本特征就是不确定性、偶然性、突变、惊奇、路径依赖等。熟悉互联网发展历史的人都知道，互联网的发明并非事先规划的结果，而是多种力量和多个人物摸索前进的结果。如果没有 20 世纪 60 年代旧金山湾区的嬉皮士和反政府文化潮流，没有乔布斯和他那些嬉皮士圈子里的朋友，个人计算机是否会出现则很难说，当时包括 IBM 在内的主流计算机生产商并不看好个人计算机；如果没有盖茨和艾伦这对传奇搭档的碰巧合作，谁也无法预知计算机软件产业会如何发展。微软操作系统垄断整个计算机世界本身就是一件不可思议的事情，这件事情的起源和发展过程充满偶然性和突然性，很多人都知道其中的故事，此处无须细说。硅谷在每个时代总会冒出几家传奇般的公司——从惠普到英特尔、从苹果到谷歌、从脸书到特斯拉，它们从根本上改变了产业发展方向，然而在这些公司冒出来之前，没有谁知道何时、何地会涌现出这样的公司。正如没有人能预知中国会冒出华为、阿里巴巴、腾讯、京东等令人吃惊的企业，它们不仅重新定义了各个产业的发展方向，而且重新塑造了一个城市的商业形象。考察其他国家的企业发展史，如英国、德国、日本等，莫不如此。这正是人类创造力最奇特的地方：无法预知、充满惊喜、突如其来、随时发生。然而，事后我们却可以从长期的历史现象中总结出一些规律性的趋势和特征，譬如充满创造性的地区，如硅谷、波士顿、纽约、洛杉矶、特拉维夫、剑桥、东京、深圳、杭州、班加罗尔等，必定拥有多元和开放的文化氛围、高质量的教育水平和人才，全球创新中心多数是多种族的移民城市。但是，即使是生长于那些最富创造性和创新性的城市，人们也无法预知明天会冒出什么样的公司和技术，它们将必定改变现有产业格局。人们唯一能够确定的是，这样的事情必定会发生，却不知道是谁、何时、何地。

甚至人类文明的演化路径也是由那些偶然性事件促成的。经济史学家和金融史学家为此既兴奋又困惑。譬如，耶鲁大学著名的金融史学家威廉·戈兹曼和哥特·罗文霍斯特共同出版了著作《价值起源》，书中众多研究者考察了数千年里那些左右国家命运和改变世界格局的金融创新，故事精彩纷呈，引人入胜。该书前言写道："值得思考的是，当今的金融大厦或许只是一些偶然的历史事件构成的。倘若时光倒流，上一个千年的历史创新展开，政府债券市场也许会在中国发展起来，而威尼斯城邦也许会最先发明通货膨胀融资。任何试图解释金融工具和金融市场发展的理论，都必须能够解释为什么在中国宋朝如此丰富的社会、经济、知识背景下，金融市场和金融工具却始终未能发展起来。"一些历史学家正是用东西方金融工具和金融市场的发明和发展历程的差异，来解释所谓的"东西方大分岔"或"李约瑟之谜"。然而，威尼斯城邦在 1172 年发明国债，完全是被外部战争威胁所逼出来的"突发奇想"或"急中生智"，没有人能够预知这个小小的发明会在 18 世纪引起东西方历史发展的大分岔。

然而，回顾人类历史，我们却又能总结出人类创造历史的一些必然规律和特征，即从偶然性事件里所显露出来的必然性。这正是人的创造性的辩证的必然性或历史的必然性。

第二部分

详论新经济学范式——
面向未来的创造性范式

本书欲将华夏固有高深伟大哲学思想和西洋经济思想融合起来，吸取双方之精华，扬弃双方之不足，以开辟经济学术思想的新境界。《新经济学》建议以"面向未来的创造性"分析范式取代"效用最大化和利润最大化"分析范式。

本书力图说明："效用最大化和利润最大化"分析范式不能帮助我们透彻理解人类经济行为之本质，"面向未来的创造性"才是人类经济行为的本质。效用最大化和利润最大化分析范式及方法至多只能作为面向未来的创造性范式的一个并不太重要的补充，为了分析和理解人类经济行为和经济现象，我们应该摒弃效用最大化和利润最大化分析范式。

当然，在我们主要运用"面向未来的创造性"分析范式的大前提下，效用最大化和利润最大化分析范式可以成为某种非本质的补充。主流经济学为证明和运用效用最大化和利润最大化分析范式所发明和设计的许多研究方法亦可以继续运用，分析方法和数学模型与人类行为之本质没有必然联系。效用最大化和利润最大化分析范式所发明和运用的许多数学方法和数学模型亦可以运用到"面向未来的创造性"分析范式中。

我们将面向未来的创造性范式称为新经济学范式，其基本出发点是对人的创造性本质的认识。人类经济活动或人的经济行为的本质特征是面向未来的无限创造性，不是面向现有资源或者面向未来选择的效用最大化。《新经济学》第三卷将系统深入地讨论人的创造性本质。

本书第一部分综论人的行为本质，第二部分则详论从新的视角——面向未来的无限创造性或创造力——来考察人类经济行为和经济现象所得到的基本命题和基本结论，亦即运用新经济学范式讨论人类经济行为和经济现象所得到的基本命题和基本结论。

从面向未来的无限创造性或创造力这个人性的本质特征出发，我们能够从全新的视角来考察人的经济行为的本质和人类经济体系动态演化过程的本质。

第一章

新经济学范式的理论基础

人的经济活动皆是为了创造价值或发现价值，皆是在价值领域的无限探索，而价值不是外来的或外在的，价值完全由人心或人性所发，舍此别无其他价值源泉，亦绝无所谓客观价值可言。

西方经济学创始之初，围绕主观价值和客观价值争论逾百年之久，至马克思亦还在孜孜求其正解，由此可见西方经济思想之浅陋也。直到门格尔天才杰出，灵机一动，始悟价值原非外来或外在，价值只是源自我们的需要，以此极简单之观念创发一独立经济学流派——奥地利经济学派，开启所谓边际效用革命。熊彼特说，门格尔的全部经济学理论就是基于一个简单却基本的理念："人们之所以认为物品有价值，是因为人们需要它。"仅此而已。门格尔的贡献是将这个看似简单的思想贯彻始终，从中推导出一系列能够解释现实经济现象，尤其是价格形成之规律（the law of price formation）的基本定律或假说。

若西方经济学的创始宗师们稍知吾华夏先哲的心学脉络，必知一切价值之源只在吾心，焉有所谓客观价值之谬见？焉有长达百年之主观价值和客观价值之争论？惜乎！东西方思想融会贯通、取长补短固非易事，学者们固执己见或囿于所谓西方中心论，不知吾华夏先哲思想之伟大精深，适足以叹息也。尤有可叹者，今日依然有一些经济学者（包括一些中国经济学者）执迷于所谓客观价值论或劳动价值论，终其一生亦不悟此简单显明之道理。

夫创造者，乃从无到有也，乃创造新的价值也，乃从 0 到 1 也（借用硅谷著名风险投资家彼得·蒂尔著作的标题"从 0 到 1"），根本不是简单利用现有资源实现最大化的价值或收益或效用。所谓效用最大化或利润最大化之思维范式，如此浅陋，却竟然统治西方经济学数百年，实乃人类经济思想历史上一大奇观，亦是一大悲剧或遗憾。

虽然如此，西方并非没有哲人洞察到效用最大化或利润最大化思维之荒谬和浅陋，只是孤怀寂寥，未能挽狂澜于既倒，拨乱而反正。芝加哥学派大宗师弗兰克·奈特就是如此卓绝伟岸之奇特思想家，其思想之广博深邃，西方经济学者无出其右。奈特有云："说到底，人类生活乃是在价值领域的无尽探索。"善哉斯言，意蕴悠长，深远无极。仅此一语，奈特足以睥睨当代，傲视群雄。奈特一语，尽显"效用最大化"假说之贫乏和空洞。奈特有5位弟子先后荣获诺贝尔经济学奖，然而，若论思想之深邃和极具启发力，其众多弟子之总和恐怕亦难比宗师一人。萨缪尔森为奈特弟子，以创发经济科学的数学方法赢得学界至尊地位，进而将经济学的全部问题归结为"一个最大化问题"。萨氏之陋，于斯可见。萨氏得意弟子蒙代尔曾经公开评价自己的恩师是构造数学模型的绝顶高手，却缺乏具有启发力的深邃思想。

生活的本质是创造或发现，不是简单地对现有资源实施配置。人类经济生活并非有一个既定的目标，有给定的资源，然后努力以最少的资源去实现既定的目标。此种机械式的世界观和人生观与人类生活的实际情况相差十万八千里。人类的经济生活永远处于一种试错、尝试、冒险的状态，这正是创造和发现的过程。市场是一个发现的过程，并非一个均衡的过程，此乃奥地利经济学派的基本理念，亦使奥地利经济学派具有特别的吸引力。熊彼特亦是奥地利经济学派大师，其创造性毁灭理念，既深受马克思动态经济观念之影响，亦深受奥地利经济学派创造性过程思想之影响。

创造或发现本身就意味着不可预见性或不确定性。奈特以不确定性来阐释企业家的特殊能力和企业家所获利润的合法性或正当性。熊彼特亦从创造性和不确定性角度来定义企业家精神。企业家精神说到底就是一种敢于创造、敢于发现、敢于和善于面对不确定性和风险挑战的精神。企业家就是开辟人类经济崭新领域的那群人，企业家就是人群中创造性或开创性的领袖人物和代表人物。

人们将企业家精神扩展到人类生活的所有领域，包括政治、学术、艺术、科学等，本质上都是指各个领域杰出人物所展现出来的创造性。创造就是创造人类价值的新领域，发现就是发现新的价值领域；创造就是创造人类生活的新边界，发现就是发现人类价值的新领域。

创造和发现本质上就是对未知领域的探索，就是对未知价值领域的发现或探险。从这个意义上说，企业家和创新者确实是人类的特殊群体或"特殊物种"。在一个国家和一个社会里，此类特殊物种数量越多，素质越高，则国家或社会的经济就越具有创造力，经济必然越发达，社会必定越富裕。

从人类创造力的角度一眼就能识破经济增长和国家富强的秘密所在，那就是一切制度安排和政策举措，皆必须以激励和保障企业家和创新者的创造力和创新精神为最重要指针或宗旨。唯有激活企业家精神和企业家的创造力，才能推动经济持续增长。一个真正有利于创新和创造的社会，必定是一个"企业家本位"的社会。

"预测未来最好的方法就是去创造未来"，这是乔布斯最喜欢的名言。伟哉斯言！妙哉斯言！未来不是预言出来的，而是创造出来的。人类生活最奇妙或最神奇之处就在于未来的不确定性或不可预知性。正因为此，人类生活才出现无穷无尽的奇迹和惊喜。倘若人类对自身的未来全知全能，人类生活将变得索然无味。人类的伟大之处就在于不断向未知领域探索，不断创造新的奇迹和惊喜。从第一次工业革命、第二次工业革命、第三次工业革命，到现在方兴未艾的第四次、第五次工业革命，人类科学技术进步的历史反复证明了这个基本规律。

谁能洞悉人心创造性的真正秘密呢？古往今来一切伟大哲学家、思想家和科学家的最高使命皆是发现创造的秘密。生命从何而来？生命如何而来？生命向何处去？我们今天所享受的一切物质财富和典章文物是如何被创造出来的？人的创造性究竟具有怎样的规律？我们如何才能最大限度地运用、发掘、发扬和彰显我们的创造性？具体而言，人类创造性经济活动究竟具有怎样的规律性或内在特征？

此处我们只能试图概括人类创造性经济活动的一些基本特征或一些趋势性规律。

第一个规律：创造性过程的路径依赖是最广义的规律性。

人具有无限创造性或者说人的创造性具有无限可能性，然而，每个人所具有的无限创造性在现实中只能表现为某个方面或至多几个方面的创造性。这种创造性原则上所具有的无限可能性和具体创造过程的有限性，正是经济学者和历史学者所说的路径依赖，亦是人类创造性过程最广义的规律性。

从来没有出现过真正的全能天才，即使是像苏东坡、达·芬奇、莫扎特、牛顿、高斯、爱因斯坦、冯·诺依曼、乔布斯等这类顶级天才，他们的创造性也主要体现在某一个具体领域，至多涉及几个相关领域。每个人的创造性必然通过某个"出口"或"通孔"表现出来，正是每个人创造性的独特性共同构成了人类整体创造性的无限多样性。个人创造性的路径依赖是人类生活的一个基本事实，或许也是最重要的事实。当我们选择某个职业或专业之后，通常都会沿着这个专业或职业坚持不懈、精益求精，直至达到这个专业或职业的巅峰水平。当你沿着某个专业或职业深耕细作很长一段时间之后，改变专业或职业的"机会成本"或"沉淀成本"非常之高。改变专业或职业意味着放弃之前所积累的人力资本或无形资产，正是这种机会成本造成每个个体创造性的路径依赖或特殊通孔。

每个人沿着所选择的专业或职业方向持续积累，既能形成独特的创造力和创造性成果，亦成为阻碍个人开创全新领域的根本性障碍。成功就孕育着失败，路径依赖就意味着拒绝创新。

即使像爱因斯坦这样伟大的天才，同样难逃路径依赖的桎梏。他坚信存在一个确定性世界、存在一个完全离开人类主观世界的客观世界、坚决反对量子力学对世界的概率论解释或测不准原理，正是他深刻的"实在论"和"决定论"物理学思想和哲学理念所决定的"路径依赖"的必然结果。当然，他对实在论和决定论的坚定信念，帮助他发现了伟大的广义相对论，这是人类思想创造历史上最伟大的成就之一。

乔布斯始终坚持个人计算机必须实现硬件和软件的高度统一、不可分离，这种坚定不移的信念导致他在个人计算机领域早期的惨痛失败。相反，比尔·盖茨坚持软件和硬件必须分开的策略，并取得惊人的成功。然而，乔布斯的理念和执着却最终激励他创造出 iTunes、iPad、iPhone 等革命性的产品，开创了现代移动互联网时代。

路径依赖正是人类创造性的辩证法，或者说，是人类创造性最一般的规律性。它决定了任何伟大的创造者和创新者必然具有天生的局限性；决定了任何伟大的思想、伟大的技术、伟大的制度、伟大的产品终将走到尽头，走向反面，成为新的创造性和创新的阻碍或绊脚石；决定了任何伟大的公司、伟大的政党、伟大的组织、伟大的国家终将消亡，终将被新的公司、新的政党、新的组织、新的国家取代。

哈佛大学商学院著名的创新研究者克里斯坦森的名著《创新者的窘境》深刻阐述了创新领导者如何成为创新的障碍或失败者，最终被时代所抛弃。其实，这正是人类创造性和创新最本质的规律和最重要的特征。正如《罗马帝国衰亡史》的作者爱德华·吉本所说：好景总是不久长！公司如此，政党如此，国家如此，整个世界亦如此，唯有全体生命才能永葆青春和生生不息的创造力。

经济学者从沉淀成本或机会成本的角度来解释路径依赖，历史学家从偶然性的角度来解释路径依赖，哲学家从历史发展的辩证法或辩证的必然性角度来解释路径依赖，皆有深刻道理。吾从人性或人心创造性的独特性角度来解释路径依赖，并揭示出个人创造性的独特性或路径依赖恰好构成了整个人类的无限创造性或无限可能性，就生命整体的创造性而言，没有路径依赖，只有无限创造性和无限可能性。

创造性的独特性或路径依赖能够让我们深刻理解东西方文明演化的不同路径，深刻理解世界上各个独特的经济模式的兴起和衰落，深刻理解地球上各个经济金融中心的崛起和更替，特别是各个中心城市的崛起、衰落和更替，它们决定了世界经济或区域经济重心的迁移或更替，往往就是一种新的经济和金融形态的诞生。

法国年鉴学派历史学家费尔南·布罗代尔的著作《十五至十八世纪的物质文明、经济和资本主义》第三卷详尽讨论了世界经济体系里"中心城市或极点城市"的兴衰更替，这种兴衰更替是偶然性和必然性相互作用的结果。某个具体城市的崛起具有偶然性，一旦崛起，它所创造的经济和金融模式的演化就形成路径依赖。然而，中心城市或极点城市的相互更替具有必然性，亦是路径依赖的必然结果。

第二个规律：创造性生态体系或经济体系必然存在"极点"或"中心"。

人类创造性历史的一个令人惊异却又平常之极的特征是：在每一个时代、每一个国家或每一个区域的任何人类生活领域里，总是有某种极点或中心存在，其他个体的创造性活动基本都是围绕极点或中心点展开。极点或中心点是创造性生态体系或经济体系的枢纽。

这种极点或中心，就全球经济而言，表现为一个或少数几个经济、金融和科技霸权国家——今天的主要代表依然是美国；表现为全球少数几个金融中心城市、经济中心城市和科技创新中心城市——今天的主要代表是纽约、伦敦、上海、香港、法兰克福、硅谷、特拉维夫、深圳等。就哲学思想和科学理论而言，则体现为所谓的"研究范式"，即任何领域的学术研究总是围绕某个或某几个特定的理论模型和研究方法展开，这些特定的理论模型和研究方法又主要源自几个特殊的天才的创造性成果，如牛顿范式或牛顿力学统治物理学达200多年；20世纪以来，爱因斯坦的相对论和尼尔斯·玻尔等人开创的量子力学则一直统治着人类的物理学世界观。又如自边际效用革命特别是马歇尔的经典著作问世以来，经济学基本都是围绕新古典范式展开的。大的范式下面有一些独特的小范式或学派，这些小范式或学派又各自拥有自己的极点或中心，亦即该学派的主要思想开拓者或宗师。

政治领域的极点或中心现象尤其突出。纵观人类历史，所谓政治基本都是围绕少数政治领袖的思想、理念和意愿展开的。人们一直争论是英雄创造历史还是人民或群众创造历史，这种争论不可能有结论。然而，任何时代的任何国家，现实的政治活动总是围绕少数政治领袖展开，他们正是人类政治生态体系的"中心"或"极点"或"核心"，其他人的政治生活必然服从或追随极点或中心而展开。

就公司和商业世界而言，这些极点或中心表现为某个或某几个公司主导整个行业乃至一个地区的经济。譬如，以高盛和摩根大通为代表的少数几家投行主导全球股权IPO（首次公开募股）市场长达数十年；以摩根大通、花旗、汇丰、瑞银等为代表的商业银行则主导全球商业银行体系长达一个世纪之久；以戴姆勒-奔驰、大众、宝马、丰田、本田、通用、福特等为代表的十余家汽车公司主导了全球庞大的汽车市场；波音和空客则完全垄断了全球大型民航客机市场；通用电气和罗尔斯·罗伊斯公司则垄断了飞机发动机的设计和制造；谷歌公司垄断了中国以外的全球搜索引擎市场，百度则基本独占了中国搜索引擎市场；亚马逊、阿里巴巴则成为全球电子商务市场的主导者；脸书和腾讯是全球社交媒体的主导者；苹果、三星、华为等少数几家手机制造商则成为全球智能手机市场的引领者……

类似例子可以一直列举下去，任何一个行业都有一个或几个极点或中心，其他公司则围绕它们生存运转，从而形成一个遍布全球的产业生态圈或生态链。整个人类或全球经济体系正是由多个围绕极点形成的圆圈构成，从经济地理区域分布看是如此，从产业链布局或产业圈看是如此，从技术创新和传播看尤其如此。人类经济世界并非如美国著名作家托马斯·弗里德曼所说"世界是平的"，更不是新古典经济学所描述的一个同质的和原子式的均衡体系。

新古典经济学的研究范式根本无法解释极点或中心的存在，而这恰恰是人类一切生活领域最重要和最基本的事实，也是最普通的事实。因为极点或中心就意味着某种程度的垄断或寡占。世界上从来不存在原子式的同质的竞争均衡，每个人、每个公司、每个地区、每个国家在人类生存和生活体系里所处的地位不同，拥有的权力不同，获得的利益当然更不相同。

分层结构或生态体系结构是任何动态演化的生态体系的基本特征，新古典经济学的原子式竞争模型则从根本上漠视了人类社会生活体系或经济体系里内在的各种结构或层次，尤其是极点或中心的极端重要性。至于极点或中心是否对低于它们的各种层次构成剥削或剥夺，此处暂不讨论。

第三个规律：人类创造性过程必定是逐渐甚至快速去中心化、去官僚化、去集权化、无计划性的过程。相反，中心化、官僚化、集权化、集中计划则是对人类创造性的最大遏制和伤害。

计算机科学家雷·库兹韦尔深入研究了人类科技进步的"指数增长规律"，这种指数增长规律与人类个性自由逐渐获得解放和张扬是同步的。在中世纪欧洲漫长的历史中，人类思想和技术的进步极其缓慢，因为天主教及其恐怖的宗教裁判所致力于遏制和戕害思想自由和精神独立，严厉限制和迫害一切有悖天主教义的异端邪说；秦始皇扫平六国、建立专制集权制度之后的中国，在思想上基本没有任何革命性突破，科学技术的发展也只有零星的火花；欧洲在文艺复兴和宗教改革之后，很快就迎来"科学的时代"（罗素语），绝非偶然。

人类内在创造性勃发的前提必然是思想自由和精神独立。美国独立建国之后很快成为全球科技创新的中心，从人类创造性潜力的释放和彰显来考察，美国的快速崛起势所必然，因为美国立国的基本精神就是保障个人权利和个性自由。纵观世界历史，任何伟大的思想、科学和技术创新中心，必定具备思想自由、精神独立、文化多元、信仰包容之基本特质。这是一个没有任何例外的规律。我们可曾见过一个钳制思想自由和精神独立、实施思想管制和文化压抑的地方，能够出现划时代的思想、科学和技术创新？

经济学者曾经花费大量时间去做所谓的"比较制度研究"，他们用一些莫名其妙的指标去比较不同经济制度和体制的优劣，得出一些似是而非的结论。自从新制度经济学兴起之后，比较制度研究这门学问少有人问津了。新制度经济学的基本出发点正是私有产权保障下的个人自由选择。

从激发和弘扬人类创造性的角度看，经济制度和体制的优劣可一言断之：能够最大限度地保障和激发人性的无限创造性，就是最佳的制度和体制；凡是遏制和戕害个人创造性的制度和体制，则必定是遏制经济增长和社会进步的制度。妥善保障私有产权，正是为了保障和激发人的创造性。所谓企业家精神，就是人的无限创造性，就是致力颠覆过去、创造未来的无限创造性。

新古典经济学历史上有令人尴尬和蒙羞的一页，那就是20世纪30年代到50年代，新古典经济学传统下的很多所谓"大师"（包括兰格、勒纳、萨缪尔森、阿罗等）以新古典一般均衡模型证明苏联模式的集中计划经济制度不仅可行，而且最优。米塞斯和哈耶克奋起反驳，以"致命的自负"驳斥新古典经济学者推导出来的集中计划经济模型。

这就是著名的"社会主义计划经济之争"，它是人类经济思想史上的一个重要事件，也从一个侧面说明新古典经济学模型和思想的无稽和荒谬。新古典经济学的本质是面向既有资源的最优配置，它将经济学问题转化为一个数学上的最优化问题。曾几何时，线性规划和动态线性规划、投入产出分析法、运筹学、求极大值等数学方法成为经济学领域红极一时的主流方法。假若人类经济问题真的只是一个面向现有或已知资源的最优化配置，那么这些数学方法大可派上用场，集中计划经济真的就是最佳经济制度。

米塞斯和哈耶克异军突起，石破天惊。他们指出，市场并非一个现有资源的最优配置过程，亦非一个自动迈向均衡的价格调节过程。恰恰相反，市场是一个信息和知识的发现过程。价格信号绝非已知或现成，价格信号亦是需要发现或探索的，价格信号本身就是无数个体参与者共同创造出来的，且时刻处于变化之中。经济活动的本质不是现有资源的最优配置，而是人类知识和信息的创造和运用。新古典经济学所假设的那一套乌托邦假设和模型，与真实经济活动几乎毫不相干。社会主义计划经济之争，奥地利经济学派大获全胜，新古典经济学派颗粒无收。然而，新古典经济学的研究范式却继续统治着欧美和全球经济学术界，此是人类思想发展之大不幸。

从人的创造性视角来看，新古典经济学的无稽和荒谬尤为显然。人类经济活动的本质不是面向现有资源的最优配置，而是面向未来的创造性活动。创造性活动完全否决了集中计划，更遑论专制集权制度。今日人类所享受的所有颠覆性和开创性的科技成果，没有一项是所谓集中计划所"计划"出来的。创造性的基本规律必定是去中心化、去官僚化、去集权化和非计划性。这本来是基本常识，然而，古往今来无数人特别是执政者最忽视和最想戕害的，就是最基本的常识。绝大多数人在绝大多数时间里，都生活在愚昧和被愚弄之黑暗中。

第四个规律：创造性过程必然出现突变或拐点或奇点。

突变、拐点或奇点是复杂系统的基本特征。

什么是突变？物理学家、诺贝尔物理学奖得主史蒂文·温伯格在《终极理论之梦》一书中写道："从复杂性越来越高的水平看世界，会突然出现一些现象，在简单水平上（至少在基本粒子的水平上）找不到与它们对应的东西。例如，在单个的活细胞里，没有像智能的东西；在原子和分子水平也没有生命。物理学家安德森（Philip Anderson）在 1972 年的一篇题为《更多意味着不同》的文章里，[1]很好地把握了'实现'的精神。新现象在复杂性高的水平出现，最明显的表现在生物学和行为科学的领域，但应该认识到，这样的'实现'并不代表生命或人类行为有什么特殊的地方，它的发生还是物理学的。"[2]

人类的创造性过程尤其是集体性创造过程是典型的复杂现象。每个个体皆以自身的独特行为参与复杂的创造过程，从而形成最复杂的科技、经

---

[1]　Philip Anderson. More is Different. *Science* 177（1992）：393.

[2]　斯蒂芬·温博格.终极理论之梦[M].李泳，译.长沙：湖南科学技术出版社，2018：35.

济、文化和社会系统。市场本身就是一个复杂的系统，无数个参与者皆以自己独特的方式参与进来，因此市场上涌现的现象常常是出乎意料或无法预知的。新科技、新产品、新服务、新商业模式、新企业、新产业中心、新产业巨头或垄断者，等等，都是典型的突变现象。我们不知道什么时候会冒出像华为、谷歌、阿里、腾讯、亚马逊、脸书等这样的产业领导者。这种突变现象正是创造性复杂系统的典型特征。

人类的创新活动可以分为改进型创新和颠覆性创新。改进型创新大体是一个连续性过程；颠覆性创新则是真正的拐点或奇点。拐点或奇点意味着人类的创造性或创新活动迈向一个新的层面或进入一个新的轨道。

大数学家冯·诺依曼将奇点表述为一种可以撕裂人类历史结构的能力。计算机科学家库兹韦尔则认为人类历史的下一个划时代的奇点是机器智能全面超越人类智能。人类文明将迈入一个全新的进化轨道。

第五个规律：创造过程必然产生、涌现或凸显某种特征模式（particular or special pattern）。

信息技术时代的思想家和预言家凯文·凯利在他的著作《失控》里讲述了许许多多有趣的"涌现模式"，如数万只蜜蜂所构成的蜂群、数万只蚂蚁所构成的蚁群，等等。蜂群和蚁群所展现出来的行为模式完全不同于单一蜜蜂或蚂蚁的行为模式。群体里的个体行为是单调的或者是依照简单规则行事的，却能够展现出令人惊叹的复杂行为或特异行为，蜂群或蚁群好像一个巨大的有机体，单个蜜蜂或蚂蚁只是巨大有机体或超级有机体的细胞。

究竟是什么机制让简单的个体所构成的群体成为超级有机体？这其中就隐藏着创造或生命的秘密。因为任何复杂的有机体，譬如人类，都是由一个个细胞、分子、原子乃至基本粒子构成的。科学家已经基本完整地理解了个体（基本粒子、原子、分子、细胞）的行为，并能够以精确的数学方程描述个体的行为模式。然而，由数以万亿、十万亿、百万亿计的细胞分子构成的超级有机体（譬如人类）竟然展现出个体（基本粒子、原子、分子、细胞）完全不具备的行为方式或模式。

基本粒子、原子、分子、细胞没有情感、意识、思维、价值判断，由它们构成的超级有机体或生命体却具有异常复杂和变化多端的情感、意识、思维和价值判断。当代量子力学的最新发展已经开始讨论基本粒子可能也有某种意识，但那可能依然不是超级生命体或有机体所展现的那种复杂多变的意识。是什么机制让众多个体聚集在一起创造或诞生出完全不同于个体的行为？秘密何在？这个秘密其实就是生命的秘密，也是一切复杂和动态演化系统的秘密。

任何一个由群体合作创造出来的技术、产品或服务（创造物），肯定不同于某个人的独立构想或设计。群体的创造往往展现出一种不可思议的不可预见性或不确定性。个人计算机和互联网就是经典的案例。《新经济学》第五卷将详细叙述和分析个人计算机和互联网的发明过程，以说明众多个体的独立行为如何创造出惊人的集体奇迹。

群体的创造性必然呈现某种形态或某种模式必然形成。科学的重要目的是寻找这种形态或模式具有怎样的规律，亦即这种形态如何形成，何时形成。希望能够异中求其同，同中察其异，以窥见动态生命体系的演化机制。

譬如经济学者始终致力发现经济危机（债务危机、汇率危机、银行危机、金融危机、经济危机等）的共同形态或模式；货币与通货膨胀之间关系的共同形态或模式；各国经济增长的共同形态或模式（经济增长和发展的一般模型）；企业生存发展演化的共同形态或模式；各国兴衰的共同形态和模式（譬如奥尔森的理论）；自由市场的共同形态和模式，诸如供求关系、价格机制、生产成本和交易费用、产权安排和合约选择、不对称信息和合约选择、产权制度和激励机制、激励机制的相容和不相容、资产负债表的分析方法、各个市场的部分均衡和所有市场的一般均衡。事实上，经济学数百年的发展，就是发现市场的秘密或市场所蕴含的复杂机制或各种共同的形态。市场确实有无限的秘密等待我们去发现。市场确实是经济学研究的无限宝藏。经济学者就是要从市场中"异中求其同，同中察其异"，发现某种共同的形态，因为市场正是无数个人创造性行为和选择行为共同作用的结果。

第六个规律：人之创造性即人心或人性之创造性，弘扬创造性的第一要务就是最大限度地实现心灵的自由。

孟子曰："尽其心者知其性，知其性则知天也。"将人性或人心之创造性的次序说得非常清楚。尽心知性知天，就是人心创造性之基本次序或必然次序。创造之本质就是发掘人之本心，就是开掘人之自性。

王阳明曰："无声无臭独知时，此是乾坤万有基，抛却自家无尽藏，沿门持钵效贫儿。"人性或人心就是一切创造之无尽藏，吾辈却往往自弃之，抛却之。创造首先就是尽其心。何谓尽其心？尽其心首先就是要识得吾辈自心本来具有无限创造性，具有无限多样的创造之可能，就是首先要识得创造的本源唯在吾心之良知良能，发掘或创发吾辈本具自足之良知良能就是创造之真谛。舍却本心，我们还能到哪里去寻找一切创造之源呢？

如何开掘或创发吾辈本具自足之良知良能？首先就是要解除一切灵性生活或精神生活之桎梏，让人心或人性能够自由自在、天马行空地去感觉、感知、感受、想象一切可能性。伟大的创造心灵必定是自由的心灵，必定是天马行空、独往独来的心灵，不受任何外在权威之限制。人类最合理和最伟大的制度安排就是确保每个人皆有灵性生活或精神生活之最大限度的自由。

惜乎！吾华夏先哲最先破解人类创造之秘密，却未能发明出确保人性创造性最大限度发挥或开掘之制度，历代帝王无不以控制思想或言论为急务，此诚吾华夏封建时代最大之悲剧，极大地遏制或阻碍了吾华夏民族之创造性。

保障每个人最大限度的灵性生活或精神生活，是开掘或创发人心创造性的第一要务，亦是衡量人类政治文明迈向高妙完善之境的主要或唯一试金石。以钳制或戕害人类自由灵性生活或精神生活的政治制度则是最可怕和最丑陋的人类政治制度安排，必将为人类鄙弃和淘汰。

开掘或创发人心之创造性的第二要务则是建立良好的教育传统和教育制度。两千多年前，孔子即提出"因材施教"，伟哉孔子，大哉孔子！盖人心或人性之创造性必然表现为无限多样性，每个人的创造性都可能指向不同的方向，所谓天下同归而殊途，一致而百虑也。即使是研究同一门学问之人，其所感兴趣或致力之方向亦各各不同。人类创造性之多样化乃人类最可宝贵和最精彩之现象，设若芸芸众生之创造兴趣皆完全一致，我们生活的世界必将百无聊赖，枯燥乏味，难以忍受。人性或人心创造性的无限多样化创造出缤纷多彩之人类世界。

具有同一或同样创造性本质的人性或人心，为何会展现出无限多样性的创造力或创造方向，实乃最有趣之问题。即使同一父母所生之子女，其创造性之兴趣和方向往往亦大相径庭。天才的科学家、数学家往往在日常生活的其他方面表现得相当幼稚甚至愚蠢；伟大艺术家、文学家和诗人往往给人以"不食人间烟火"之感受；善于思辨的学者可能是非常糟糕的政治家和商人，或者根本就做不了政治家和商人。

柏拉图可能是最经典的例子。身为大哲学家的柏拉图为当时希腊的独裁者出谋划策，最后不仅落得惨败，哲学家本人也险些被当作奴隶贩卖。普天之下，我们很难找到一个能够纵横所有创造性方向的绝世天才，即使是被誉为古往今来智商最高者的达·芬奇，其创造力的主要方向仍然是在艺术领域。被誉为古今无双之神童莫扎特，其卓绝的天才集中于古典音乐；中国历史上的伟大天才苏东坡亦是以艺术创造流芳百世；爱因斯坦则以思想实验和超越的想象力开创崭新的物理学境界；大政治家和外交家如丘吉尔和基辛格，一遇到经济学和金融学问题就大呼头痛；精通国学的晚清中兴名臣曾国藩自憾"天文、数学一无所知"。

奇哉奇哉！众生皆禀天地灵气而生，创造性才能和兴趣方向则如此千差万别，千姿百态，遂构成无限丰富之人类世界，此岂不是宇宙间最奇特之现象乎？个人创造力的有限性才构成了整个人类创造的无限多样性和无限可能性。设若天底下有人全知全能如上帝，能够创造一切，其他人则毫无创造性，那将是一个令人深感恐怖的奇幻世界。正因为每个人的创造性皆具有独特的方向和兴趣，人类的教育才必须因材施教或有教无类。孔子之教育思想和理念即在于激发或开掘人之创造真几，激发每个人沿着自己具有特异禀赋的创造方向不断精进。宇宙生命的同一创造真几却演化或开辟出无限多样的创造性方向，这正是人类创造性的最大秘密。无限多样的个体创造性的总和就是上帝！

熊十力先生有曰："凡承认人能学习者，必先肯定人有内在的明几。如内无天然的明几，则学问之事，将从何而得有乎？内无明照发动，以摄取与裁成外物之能，则无经验可言。经验不得有，即知识不可能。"[1]

所谓内在的明几或明照，就是人心或人性之创造性真几。创造性真几

---

① 熊十力.新唯识论[M].北京：中国人民大学出版社，2006.

就是牟宗三先生所说的"自由无限心"。内在的明几或明照，人心或人性的创造性真几，自由无限心，知体明觉，《易》之乾元，皆是同一创造真体之不同说法。创造性真几是一真绝待，迥然自明，蕴涵无限的创造性可能。创造性真几或知体明觉主动地"自我坎限"成为认知机能或功能（牟宗三先生所谓的"识心之执"），认知机能或功能则包括感觉、想象和知性（构成概念或范畴之能力）。此类认知或认识能力需要后天的培养和训练，此乃教育之天职。

一个从未接触过科学实验之人，自然不知道以科学实验之方法去感知外在世界，去探寻自然之秘密，经过科学实验之训练，人得以凭科学之方法去感觉或观察自然世界，从而获得新的科学知识；一个没有受过艺术手法训练之人，当然亦有各种天生情感油然生起于心灵深处，却无法以精妙手段表达之，经过艺术手段之训练，艺术家则能够以高超的艺术眼光去感知人类社会和宇宙自然，从而创造出动人心魄的艺术作品。

因此，虽人人皆禀天地灵气而生，人人皆有那同一本质的创造性真几，然而人之现实的和真正的创造则必须经由良好的教育和训练方能达成。

一般人皆知乔布斯那神龙见首不见尾的创造天赋，却不太知道乔布斯曾经异常勤奋地修行各门艺术学科，广泛阅读宗教思想（禅宗）和科学著作，详尽研究他心目中众多偶像人物的创造历程（包括爱因斯坦、费曼、毕加索、迪伦等），故教育同样是促成乔布斯伟大创造力的首要力量。

爱因斯坦生长于一个学术和科学氛围非常浓厚的家族，7岁时由叔叔指导他学习数学和物理，12岁开始阅读大哲学家休谟、康德和马赫的著作，16岁能够思考与光速赛跑的问题。其超绝天才之开掘亦必有赖于教育的激发和诱导。

是故古往今来一切伟大政治家和治国者，莫不以兴办教育为第一要务。

今日世界富裕发达之邦，无不是教育发达和思想昌明之国。今日世界最重要和最伟大的机构，就是那些伟大的学府，其对人类文明昌盛和进步之贡献，非语言文字能表扬。

开掘或创发人心或人性创造性的第三个秘诀就是跨学科的交流碰撞和相互刺激。人类创造力和创造历程所遵循的逻辑绝非线性的机械式的逻辑，而是非线性的、动态的、演化的生物进化式的逻辑。近亲繁殖既不利于本物种的优化，亦不能促进新物种的诞生。唯有多样性的物种聚集成为一个动态的生态体系或生态圈，新物种或新的演化路径才应运而生。亚马孙雨林中的物种演化具有无限多样性，人类至今也没有弄清楚亚马孙雨林中究竟有多少物种。此是多样性必然创造更丰富多样化的典型例证。

人类历史上的科学、艺术、思想大复兴、大弘扬、大发现时代，皆源自各个不同区域（国家）、不同种族、不同领域的人才因机缘巧合、风云际会汇聚到一起，构成一个个充满创造活力的人类生态体系。是故人类之理想境界或理想社会，必定是无国界、无边界、人人皆能自由迁徙、自由选择；人人皆能自由发挥其本具自足之伟大创造性，同时又绝不阻遏或妨碍其他人发挥其无限和伟大的创造性。

古往今来一切伟大先哲皆以"人人自由发展"为人类理想之境。此理想之境的达成，必然需要人人识得本心或本性之昭然自明，识得本心之无限创造性，识得本心本具自足之良知良能。人人自由发展乃是全人类共同发展之前提，此就是《易经·乾卦》所说的"乾道变化，各正性命"或"首出庶物，万国咸宁"。东西方圣哲对人类理想之境的体悟完全一致，亦证明人类本心或本性之本质完全一致。

今日世界之一切政治经济制度之安排，当然来自人心或人性之创造或发明，天底下一切典章文物无不是人性或人心之创造。人类演化至今，其异常丰富之创造物，皆源自人心或人性的内在本质，即良知良能，如人类迄今为止所积累的无限丰富的文学、诗歌、建筑（尤其是宗教信仰感召下的许多精美绝伦的建筑创造）、音乐等，皆发自人之本心或本性之良知良能，故文学、诗歌、建筑、音乐等，无论创发自哪个时代或哪个民族，皆成为全人类共同拥有之精神生活或灵性生活之宝藏，皆足资启发和激发人类心灵不断迈向高远之境，此真乃人类心灵之伟大创造也。

古代中国之《诗经》《楚辞》，古希腊之《荷马史诗》，古印度、古埃及以及所有民族远古时代所创造的文学艺术作品，始终是人类灵感之源泉，每个时代都有足以代表时代精神的文学、诗歌、建筑、音乐等无限多样的艺术创造，它们就是人类良知良能之彰显或实现。文学、诗歌、建筑、音乐等艺术作品，足以陶冶人的性情，开启人的智思，启迪无限智慧，激励人类迈向道德精神高远之境，脱离低俗污秽丑恶之界。人类精神或心灵创造物之伟大，难以言表！一国家、一民族、一时代之伟大，主要视其精神创造之丰富和深刻，绝不单看其物质财富之创造也。

科学知识之发现和积累从另一个侧面彰显或实现人类本心或本性之无限创造性。自有人类以来，人类心灵始终有无限伟大的求知的愿欲，此求知的愿欲有时固然与所谓低级庸俗的金钱名利愿欲纠缠在一起，然大而言之，人类科学知识之发现和积累，要在皆是人之本性或本心之创造力的彰显和实现，绝非仅仅依靠那纯粹的金钱名利愿欲可以成功。

历史上许多伟大的科学发现皆来自人之好奇心或探索自然宇宙秘密的无限创造性（或创造愿欲）。如伽利略发现运动定律，如牛顿发现万有引力定律和发明微积分，如法拉第发现电磁场的现象和规律，如麦克斯韦发现电磁学的基本规律，如普朗克发现量子现象和普朗克常数，如爱因斯坦发现相对论，如杨振宁发现统一场论的基本数学模型，如孟德尔发现遗传的基本规律，如沃森和克里克发现遗传密码的分子结构，等等。如此种种划时代的科学发现，绝非纯粹卑陋的功利之心可以奏功，若非人之本心或本性没有自明自现的知体明觉之能，从而显扬为感知外部世界的认知能力，人类决不能不断发现宇宙自然和人类社会的各种奥秘。

人类政治、经济和社会制度安排是人性和人心第三大类的伟大创造物，人类今日之一切人为制度创造或安排，虽然总是不尽如人意，总有许多根本性缺陷，然而平心而论，人类制度之创发或建立，很大程度上亦必然源自人心或人性的良知良能，即使是最原始的部落酋长制度或随后演变的君主专制制度，虽有各种令人憎恶的丑陋制度和律则，其基本出发点仍然是保护部落或一国居民免遭外敌之侵略和杀戮。

君主专制制度盛行于人类社会数千年，自18世纪起，人类精神猛然突变，政治理念焕然一新，洛克、休谟、孟德斯鸠、卢梭等无数天才政治哲学家群星闪耀，为人类全新的政治制度开辟道路，此乃人类精神思想历史上最伟大成就之一，难道不是人性或人心良知良能的不断彰显或实现吗？从此之后，君主制度日渐式微，民主制度日渐成为人类新潮流。英国"光荣革命"首发其端，美国独立战争及其随后的建国历程，则将人类政治制度推上完全崭新的境界，遂成为后世各国竞相效仿之楷模。君主专制制度就是孔子所说的"据乱世"，民主制度则是孔子所说的"升平世"。

从据乱世到升平世，难道不正是人类精神或心灵的不断发现或不断提升吗？所谓"天行健，君子以自强不息"，人心或人性本具自足的良知良能必然不断彰显、发现和实现，从而不断改造人类自身的政治经济制度，以最终实现孔子"太平世"的梦想。庸俗之人眼见今日民主制度的斑斑劣迹或种种缺陷，恐绝不相信人类能有迈向太平世之一日，然而数百年或千年以前，当全人类皆盛行君主专制血腥统治之时，人类又怎会想到有朝一日将抛弃君主专制、迈向民主制度呢?

虽然今日全球各种民主制度看起来亦是千疮百孔甚至危机四伏，然则人性或人心本具自足的良知良能必定不断发现新的思想和理论，并开发出新的手段和工具，以完善人类制度安排，此乃人性或人心良知良能的必然之理，我们对此当然应该有绝对的信心，决不能因为一时一地的倒行逆施或暂时的缺陷而否定人类心灵进步和演化的大趋势。熊十力先生当年对人类制度安排多有严厉的批判，然而十力先生却深信人类理想的政治制度必定以孔子所创发的思想为皈依。

社会政治和经济制度与组织之变革，首要条件是人心之变革，即人心或人性之自我发现，发现现有政治经济制度和组织不符合或偏离人类发展演化之正途而欲矫正之。

人性或人心之创造性必定是相互配合、相互支持、相互激励之创造性，绝无孤立无援之创造性可言。创造是生命的本质，宇宙大生命原本一体，即是一大生命体。儒圣先哲所谓天地万物同体之爱，就是从宇宙大生命处言之。宇宙大生命原本一体，彼此相辅相成，绝无孤立独在之生命体。

《易经·比卦》言万物相比而生，亦即相辅相成方能有生，最有深意。《易经》诚为生命之书，为创造之书。宇宙大生命既然是相比而生，必然具有无限多样性。不仅地球上生命或生态体系具有无限多样性，广袤无垠之宇宙必然具有无限多样的生命形态，科学家所设想的外星人必然存在，或其他星球必然有生命存在，依照生命之创造性而言，诚为当然之理。

爱因斯坦坚信人类思维能够把握真正的实在或最后的实在。从生命或人心的创造性而言，则是生命之创造性或人心、人性之创造性必能把握最后的实在或真正的实在。其实真正的实在绝非脱离宇宙万物和生命万象而独在，真正的实在无时无刻不体现于宇宙万物和生命万象之无限多样性之中。

宇宙大生命相辅相成、动态演化、持续创发和创造，其演化必定无穷无尽、未有止境，是故《易经·既济》之卦后继之以《未济》之卦，言宇宙万物和大生命系统之演化永无止境，永无停顿之时，大哉伟哉！《易经》所创发之生命哲学，真乃广大悉备，至矣尽矣。美籍日裔学者弗朗西斯·福山竟然著书鼓吹所谓历史终结论，其学问之陋由此可知矣，惜乎等而下之，更有卑陋之人，竟以为福山等人发现了绝大真理。

稍知生命本质之人绝不可能有人类历史终结之谬论，《易经》早有明文也。无限多样性、无限可能性、无有终极之境，实乃大生命体系之基本特征，亦是人心或人性创造力之基本特征。《中庸》曰：天地之道可一言而尽也，其为物不二，其生物不测。妙哉斯言！其生物不测，就是无限多样性和无限可能性，就是永无止境。

始终动态演化之大生命体系的各个部分相互配合、相互比辅以成生命演化之动态体系，大生命体系的各个部分既不可缺少，则无等级差别可言，生命体的每个部分同等重要，失去任何一个部分哪怕是极其微小的部分，整个生命体系的动态进化都会受到影响。即以此论，世间本无或不应该有高下贵贱之别，从最本质的意义上说，亦无孰轻孰重之分，要在各得其所，各得其用，各正性命。

《中庸》曰：致中和，天地位焉，万物育焉。妙哉斯言，致中和，就是大生命体系的每个部分都能发挥其最适当的作用，都处于其最佳的位置，又能各畅其性，各显其能。致中和正是宇宙万物和大生命体系的最佳状态或中和状态。此中和状态并非新古典经济学所着迷的均衡状态，盖中和状态是万物各得其所的动态演化状态，新古典经济学的均衡状态则是死亡或停滞。

当然，自然生命和人类社会体系往往有偏离中和状态的可能性。譬如某种生命体生长过快过猛，迅猛吞噬其他生命体或剥夺其他生命体之生长资源，到一定阶段，必定有另外一种生命力量生长出来以遏制生长过猛之生命体。譬如，人类经济体系往往出现某个行业或某个领域（譬如金融或货币）增长过猛之势头，遂造成货币泛滥或金融危机，危机则是人类经济体系的自我修复或调节，促使经济体系重新朝着"致中和"的状态迈进。宇宙万物和人类大生命体系永远也不能达成绝对的"致中和"状态，而是始终围绕"致中和"状态而波动或演化，亦即宇宙万物和人类大生命始终处于动态非均衡状态，却又不会偏离"致中和"状态太久或太远。

宇宙万物和人类大生命有许多奇妙现象，唯有从人心或人性创造性的无限多样性和无限可能性的视角才能得到终极的解释。人性或人心创造性的无限多样性和无限可能性就是宇宙万物和生命的无限多样性和无限可能性，二者是一非二。

譬如，宇宙的起源如何解释？生命的起源如何解释？今日物理学的最新进展已经开始理解宇宙大爆炸最初时刻的量子状态，科学家已经提出既令人惊叹又令人信服的宇宙大爆炸及其演化模型，能够相当准确地模拟宇宙自大爆炸时刻起至今的演化路径，包括基本粒子、原子、分子、宇宙无量星体等物质形态的形成。

然而，宇宙大爆炸之前又是什么？此宇宙之前是否曾经有过无量多个宇宙，曾经经历过多次的爆炸、演化、坍缩？科学实验、推理和模型实在无力回答此类问题。

生命的起源是人类思维和智慧最希望破解的秘密。生命科学已经取得令人叹为观止的成就。DNA基因密码的破解、测序和编辑让人类似乎开始拥有上帝一般的"造物主"之能耐，可以根据自己的意愿来改造和设计生命形态。然而，基因本身又是如何形成的？同样由众多基本粒子构成，为什么却形成各各不同的基因或DNA分子？诺贝尔物理学奖得主史蒂文·温伯格说物理学的解释箭头总是向下，即总是从物质到分子到原子再到基本粒子，如此一直解析下去，直至今日物理学的前沿热门话题——弦。

弦本质上是一种能量的波动。弦是物质，是能量，能量和物质原来是一非二。爱因斯坦的质能转换公式以精确的数学公式证明了这一点。是故，物质一直解析或解释下去，最终必归于无。原则上或理论上，科学家能够发现无数种基本粒子，只要能够建造能量足够巨大的粒子加速器和对撞机，一直对撞细分下去，直至无限趋近于"无"。

然而，生命科学恰好与物理学相反。如果说物理学的解释箭头是"从有到无"，那么生命科学的解释箭头则是"从无到有"，即需要解释或解答为什么生命能够从无中诞生。老子说："天地万物生于有，有生于无。"为什么同样是基本粒子，一些基本粒子能形成灿烂的鲜花、苍翠的树林、无限多样的鸟兽虫鱼，以及具有高妙智慧的人类，另一些基本粒子则形成看似"无生命"（实际亦有生命）的山川河流、土块石头、桌椅板凳？"生命现象"或"无生命现象"之差异实乃宇宙间最奇妙之现象，科学如何解释之？

古往今来一切伟大哲人无不究心于此，无不困惑于此。佛家精于解析之术，其解析物质和精神现象之方法与物理学解释或解析世界之方法，颇有异曲同工之妙。佛家以解析之术，说明世间万象原来是"空"，然而"空"如何演变或进化出无限多样性的生命和宇宙万物，即空如何成为有，佛家亦无任何精彩说明，因为佛家的本义就是要说明宇宙万象和人类社会原本是"空"，不值得留恋，从而引发众生出离生死苦海之宏愿。

然则从无到有或从空到有，毕竟是一大问题甚至是最重大之问题。佛教大乘有宗成立种子说，试图对宇宙万物给以根源的说明。种子说颇为繁复，亦极有意趣和启发性，然种子说原本不是试图去说明宇宙万物和大生命的起源及演化，事实上其亦无任何说明，种子说只是为了说明"识"的起源或根源。物理学竭尽解析或分析之方法，直至将宇宙万物和生命解析至"无"，却不能反过来说明如何从无生有，无如何生出基本粒子，基本粒子如何生出千变万化、无限多样的生命。

当然，能量转化为物质（基本粒子），基本粒子聚合成为分子，分子聚合成为细胞和生命体，亦算是一种说明，却不能说是揭开了生命起源和演化的真正秘密，更无法说明同样的基本粒子如何能够聚合和生成如此丰富多样的生命体。此类最重大和最终极的问题，最终亦只能从人性或人心的无限创造性和创造的无限可能性里获得解释。

不仅宇宙万象和生命形态无限多样，无限可能，无有止境，即使是同一类生命体，譬如人类，亦是各各不同。同属人类个体，为什么人与人之间的禀赋、灵性和智慧却有天壤之别？古往今来所有圣哲亦皆为此大问题所着迷。

孔子曰："唯上智与下愚不移。"又曰："生而知之者，上也；学而知之者，次也；困而学之，又其次也；困而不学，民斯为下矣。"孟子亦有许多类似论述。孔孟二圣乃是从道德自觉性或成圣成贤角度来判别人的根器差别。

佛家论述人与人之间的慧根差异尤为详尽。众生慧根各各不同，释迦牟尼更是指斥一类愚顽之人永远不可能成佛（理论上能够成佛，实际上则不可能），佛经于此多有记载。佛教数千年历史上，尽有许多天才杰出之人，如大乘空宗开山大师龙树菩萨，如天台宗的智者大师，如禅宗六祖大师慧能，皆一闻佛法，立时开悟，一旦开悟，则无所不通，遂成为佛教各个著名宗派的开山大师、智者大师和六祖慧能，真可谓上乘根器，天资卓越，天纵英睿。佛家所谓上乘根器与孔子所说的上智异曲同工，均属芸芸众生中的奇特俊伟之才，天生禀赋特异杰出。上乘根器或上智之人听闻佛法或圣贤教诲，便立刻悟道成佛或成圣；愚顽之人或下愚根器纵然时刻熏闻佛法，天天与尧舜孔孟相处，却依然佛是佛，他是他，尧舜归尧舜，自己归自己，决不能或绝难变换气质或提升根器，此岂不是人世间最奇特和最怪异之事乎？

为何同为人类，却有上智、中材、下愚之根器不同？佛家和孔孟从成佛成圣角度、从道德开悟或道德自觉性角度、从良知良能自发自觉角度判别芸芸众生根器不同，庸俗之人或平常之人往往视之为妄谈甚至迷信，因为上乘根器之人即使成佛成圣，外表和日常居住行止与常人并无不同，何况许多庸俗之人并不相信有成佛成圣之境界。

然而，就获得经验知识或科学知识而言，人与人之间的能力和智慧同样有上智和下愚之根器的天壤之别。天才卓绝之人的灵机一动，所发现的宇宙自然之奥秘，根器平平之人终其一生亦无法理解。古往今来，尽有无数天纵英睿的奇特人物，如西洋古代伟大科学家阿基米德和欧几里得；如中国古代的科学家惠子、鲁班和李冰父子；如近代西洋科学开山大师伽利略、牛顿、麦克斯韦、爱因斯坦、高斯、黎曼，等等，他们往往在非常年轻的时候就有惊天动地的科学大发现，足以让后世人穷毕生之力去努力研究，试图理解，却依然无法窥其堂奥。

群论的提出者伽罗瓦死时尚不足 20 岁；爱因斯坦 26 岁那一年天才勃发，竟然同时写出足以荣获多个诺贝尔奖的 5 篇划时代论文；牛顿发现万有引力定律之时不过 24 岁。如此惊人的天才人物数之不尽。

为什么芸芸众生里总有那么一些天才卓绝之人，而绝大多数人则是天资平平，更有一些人愚不可及？这难道不是人世间最奇特和最怪异的现象吗？难道不是最值得解释的人类现象吗？从开发人类智慧和人力资本角度看，人们正在努力探索智慧或天才的起源。科学家试图从人脑的结构、脑神经的构成和分布、基因的排序或组合中寻找答案。当代更有一些基因科学家和工程师相信通过基因的编辑和排序，能够改变人的智力水平，甚至让人人皆变为天才。此等大胆、宏伟甚至违背人类千百年伦理准则的梦想或怪想是否能够实现，我们拭目以待。

然而，从创造性的无限性和多样性角度来看，我们就能够很好地理解（至少从哲学理念上）为什么芸芸众生之根器必然不同。我们亦能断言，无论基因科技或基因工程如何发达，终究无法改变创造性的基本逻辑。创造的基本逻辑绝对不同于机械逻辑。基因工程或基因科技无论如何发达，说到底亦是一种机械式的逻辑，非创造性逻辑。创造性逻辑的本质特征是无限性、多样性、不确定性、不可预知性或无限可能性。

宇宙万物和大生命之创造性，具有一种神秘莫测的力量，人类思维或许永远无法理解之。凡是动态演化的生命体系皆有一种自我修复和自我迈向中和状态的趋势，尽管实际的生命体系状态永远处于一种远离中和的状态。譬如生物界的两性比例，为什么从较长时间角度看，人类的男女出生比例总是大体维持在1:1？即使是实行计划生育的国家，或者在有男性或女性偏好的时代或国度，从较长时间来看，两性比例依然趋于平衡？究竟是一种什么样的神秘力量维持着生命体系自我迈向中和状态或实现自我修复，避免生命体系走向极端？此类问题，科学恐怕难以给出满意答案。

今日基因科学极其发达，人们可将人之各种秉性或天赋（如聪明才智、懒惰勤奋、生老病死、个性差异，等等）皆归于基因之不同或变异，然则尽管如此，我们依然可以问下去：基因又从何来？为什么万千生物之基因又有无限多样之差别？同属人类之不同个体，为何基因亦有细微却异常重要之差别？愚以为，无论今后科学或生物学如何发达，穷究生命之根源到终极或究极处，必然要从创造之无限多样性和无限可能性里去寻得终极的解释或说明。熊十力先生曾经感慨万千："穷理至究极处，只有信念为依据耳。"善哉斯言！

人心或人性为创造之源，一切创造皆从人心或人性本源处发生或开启，是故一切创造的基本前提是收摄本心，凝聚心志，专心致力，心无旁骛。孟子曰："学问之道无他，求其放心而已矣。"此并非专为道德的本心或道德本心的创造性而发，亦是为本心之知识的创造性而发。

心若游魂，散乱不定，心浮气躁，无定无止，不仅本心之道德的创造性丧失殆尽，而且本心之知识的创造性亦将丧失殆尽。古往今来，普天之下，唯有收摄心思、专心致志者能够创造，能够成就大业。是故《大学》首明为学之方："知止而后有定，定而后能静，静而后能安，安而后能虑，虑而后能得。"儒家学者多从道德之创造性或道德本心之自我发现处来体悟《大学》之修行次序——止定静虑得，其实科学知识之发现或创造亦同此理。

是故爱因斯坦特别赞赏那些专心致志深入研究某一问题之科学家，轻视或鄙夷那些浅尝辄止、朝三暮四之研究者。古往今来一切圣贤和伟大科学家无不强调收摄心思、止定静虑之重要性。静则生明，静则生智，静则生慧。十力先生特别标举佛家"戒定慧"三学。佛家"止观"或"戒定慧"与儒家"止定静虑得"实乃异曲同工。

由此延伸到人类生活的所有方面，概莫能外。

第二章

新经济学范式与新古典经济学范式之对照

新古典经济学范式的基本特征

1.所有经济活动参与者都完全一样，没有任何独特性，当然也没有任何的独创性。所有人都是理性的同质的经济人，没有任何所谓非理性的行为，所有人都是完全一样的"受价者"，没有任何"定价者"。

2.所有关于经济活动（资源、生产、消费、分配、偏好等）的信息全部免费可得，此即所谓完全信息假设。

3.没有任何的风险和不确定性，关于未来的一切信息皆完全可得。此与第二点相同，但值得单独提出来强调。

4.借用19世纪物理学的基本理念来描述经济体系或人的经济活动，经济体系或经济活动具有均衡、稳定和决定性（完全可预测性）。

5.边际效用递减和边际报酬递减是两个不可动摇的理论基石。

6.如果没有任何外部的干扰，如果我们每个人的能力完全相同，我们人类就可以达到天堂（边际效用＝边际成本＝价格就是最完美的均衡状态，相当于天堂！）

7.经济体系或人类经济活动最终只由两个变量确定——价格和数量。

8.因为经济体系或经济活动都处于均衡状态，所以整个经济体系不存在任何改变、增长或发展的动力，经济体系实际上犹如死水一潭。熊彼特《经济发展理论》开篇所描述的静态循环系统与此类似。

9.经济体系的一切参与者或组织（个人、家庭、企业、政府等）都只是一个符号，它们既没有任何独特性，也没有任何内部结构。科斯曾经长时期批判经济学家从来不过问企业的内部结构（企业就是一个黑箱）。

10.经济学就像物理学那样"简单"，它具有确定性的方程式（组），具有确定性的结论，经济体系就像物理体系那样完全可以预测。解释和预测是一回事。

新经济学范式的基本特征

1.经济活动的参与者（每个人）都是独特的个人，都具有独创性、创造性自觉或创造性潜能。每个人的独特性和独创性是人类经济活动最基本和最重要的事实。

2.经济活动的参与者不是无所不知的理性经济人，而是面向未来不确定性不懈探索或尝试的"冒险者"或"创造者"，是风险承担者，是不确定性的探索者。风险和不确定性是人类经济活动的基本现实。

3.人类经济活动的内在本质是面向未来的创造性活动，不是面向现有资源的适应性活动。适应性活动是创造性活动的附属或补充，创造性活动则处于主导和支配地位。

4.人类经济活动的信息并不是一个既定或既成的事实，信息并不是"就在那里"等着我们去寻找或者免费提供给我们以供我们决策之用。相反，经济活动的信息本身就是创造性个体所创造出来的，瞬息万变的信息正是人们创造性活动的具体体现和量度。经济活动的创造性程度越高，则新信息越多，变换越频繁；经济活动的创造性程度越低，信息则越少，变化越稀少。新古典经济学的一般静态均衡模型里，没有任何变化，所有经济参与者都完全一致，既没有外部冲击，也没有内部动力，也完全没有新信息。因此，所谓完美信息假设其实也是多余的。信息的本质是创造性活动的结果。严格意义上的非创造性活动并不产生任何新的信息。

5.创造性经济体系或经济活动没有均衡，而是时刻都在打破均衡。动态或非均衡是创造性经济活动的本质特征；适应性经济活动具有迈向均衡的趣向或可能性，却往往被创造性活动所破坏。

6.边际效用递减和规模收益递减不能描述创造性经济活动，只能部分描述适应性经济活动。规模收益递增或边际效益递增、锁定效应（lock-in）、赢家通吃、垄断或独占、特异性模式、差异和个性化，才是创造性经济活动的基本特征。

7.经济体系具有内在的演变动力，这个演变动力就是每个人的创造性自觉，它不假外求，自我彰显，自我发现。其典型代表就是企业家或创业家。经济增长、发展、创新的内在动力并非科技、投资、消费（它们是结果），而是人的创造性自觉，亦即人的本心（良知明觉之本心）。推动经济增长和创新的唯一途径是彰显、激励、发扬每个人的创造性自觉，激发每个人内在的创造性活动，其他一切皆是结果。

8.经济体系或经济活动是一个永不停息、时刻演化发展的动态体系、生态体系、复杂体系，我们既不能用机械学或物理学的思维来思考经济体系，亦不能用数学模型来精确描述经济体系的内在结构和演化路径（只能近似描述之）。动态体系、复杂体系、演化体系的基本特征是：秩序与混沌交相辉映，均衡和非均衡随时转换，突变和拐点随时出现，特异性模式或独特性组织（产品、服务、机构、个人）层出不穷。

9.正因为经济体系的每一个参与者（个人、家庭、公司、政府等）皆有其独特性，皆有其内在结构的独特性和差异性，自组织、特异性模式随时出现，经济学者的主要任务就是探索每个参与者的内在结构及其演变规律，探索自组织和特异性模式的内在结构及其演变规律。

10.经济体系或经济活动本质上是不可预测的。未来不是预测出来的，而是创造出来的。

综述新古典经济学和新经济学的本质区别

1.新古典经济学以理性经济人和效用最大化为基本假设或公理，新经济学以生命内在的创造性和面向未来的创造为基本前提（事实）。理性经济人和效用最大化是新古典经济学者对人类行为本质一种比较随意的假设，人心内在的创造性和面向未来的创造则是作为生命体系的宇宙自然和人类社会的最基本事实和最大秘密。新经济学和新古典经济学最基本和最重要的区别即在此。

2.新古典经济学借用经典物理学或机械学的均衡理念，认为经济体系总是一个自动迈向均衡的机械体系；新经济学则直接承认一个基本事实，即人类经济体系是一个动态演化或进化的生命体系，经济体系的主要趋势和演化方向不是迈向均衡，而是远离均衡，暂时的均衡始终处于不稳定状态。新技术、新产品、新服务、新产业、新组织总是不断涌现，并替代或毁灭旧的技术、产品、服务、产业和组织。

3.新古典经济学均衡理念背后的假设则是边际效用递减和规模收益递减，新古典经济学不承认规模收益递增是经济体系最重要的本质特征，而是将规模收益递增看作一种例外；新经济学并不否认人类某些局部行为具有边际效用递减和规模收益递减的趋势，而是认为规模收益递增或所谓的正反馈才是形成经济体系特殊结构或形态的根本力量，尤其是创造性力量的累积或科技知识的累积，往往具有最强大的规模收益递增。我们环顾世界看到的经济体系特征，皆由各种独特性、特异性、垄断、寡占、锁定、赢者通吃构成。竞争是各种独特性之间的竞争，而非同质化之间的竞争。

4.新古典经济学强调经济体系的所谓局部均衡和一般均衡，强调经济行为和经济体系的稳定性和可预测性；新经济学则强调经济体系的相互进化（催化）、自组织、特殊形态、特殊结构，强调经济行为结果和经济体系本身的不可预测性、偶然性、突变或超乎预料的结果。

5.新古典经济学推导出所谓一般竞争均衡的最优结果，即所谓边际效用＝边际成本＝市场价格的帕累托最优结果，相信绝对相同的各个竞争个体之"原子式"的竞争才能达到最优的均衡状态；新经济学则认为上述结论完全错误，既与经济生活的客观现实完全不符，更不符合人类经济体系和经济行为的创造性本质。

6.新古典经济学认为垄断有害，有所谓垄断的死三角损失或福利损失；新经济学则认为垄断不可避免，人类的创造性行为本身就具有特异性、垄断性，而且是刻意追求垄断和独特性的行为。新古典经济学的反垄断理论从根上说是错误的。唯一应该反对的垄断是政府权力所强加的垄断。

7.新古典经济学认为经济体系的关键事实或关键变量，从微观上看是价格和供求量，从宏观上看是国内生产总值和一般物价水平；新经济学则认为经济体系的关键事实是经济体系自发生长的自组织或特殊结构（譬如公司、大学、政府、非政府组织、创业孵化器等），是它们之间的相互作用决定了一个经济体系的内在活力或经济增长。经济体系的关键变量是衡量创造性活动的各种变量，譬如顶级科技大奖的获奖人数、突破性的科学研究成果数量、突破性的专利和新发明数量、顶级优质品牌数量、创新性企业和品牌数量、人均创业投资额等。

8.新古典经济学至今不能说明经济增长或经济活动的内在动力，事实上，新古典经济学将经济增长或变化的动力总是归功于某种外部的冲击，就此而言，新古典经济学根本无法解释经济增长和人类经济的演化历史；新经济学则认为人类经济体系演化的内在动力就是人人本具自足的内在的无限创造性，这其实就是人类经济增长或动态演化的最基本事实。我们可以用一系列数量指标来衡量一个民族、一个国家、一个地区或一个公司的创造性能力或能量。新经济学的研究视角将有助于我们重新审视国民收入核算和统计体系，应该更加重视衡量创造性能力和结果的各种数量指标。

9.新古典经济学所强调的那些变量或关键事实，诸如价格、供求量、投资、储蓄、GDP、技术进步等，其实是经济体系演变的一个暂时性结果，并不是经济增长或动态演化的动力；新经济学强调的关键事实或变量则是人心内在的创造性及其结果——以创造性指标体系来衡量、自组织、演化等，其余皆是结果。

10.新古典经济学相信经济体系的变化具有某种数学或物理学那样的逻辑必然性或决定性；新经济学则认为经济体系的动态演化没有数学或物理学那样的逻辑必然性或决定性，只有生命体系演化所具有的那种偶然性、复杂性、不确定性，只有历史演化发展的辩证必然性。

11.新古典经济学假设人人具有同样的经济预测模型或计算模型，每个人都是一模一样的理性经济人；新经济学则强调每个人的独特性或差异性，每个人皆有自己独特的思维方式或创造性方式。

12.新古典经济学相信市场竞争总能达到最佳结果或最优结果；新经济学则认为市场结果只是无限可能性中的一种，其存在性完全不可预测。

13.新古典经济学根本无法解释为什么世界上几乎所有产业都是被几个主要的公司所垄断或寡占，就像"鸵鸟"一样，对如此显而易见的重大事实视而不见；新经济学则能够完整解释如此重大和重要的历史事实。

譬如，全球石油工业由大约10家公司垄断，如标准石油公司的后裔（即"石油七姐妹"及其后裔）、英国石油公司、俄罗斯国家石油公司、沙特国家石油公司、荷兰皇家壳牌公司、中国的"三桶油"（中石油、中石化、中海油）等；全球汽车工业大约由10家公司垄断，如戴姆勒—奔驰、丰田、日产、本田、通用汽车、福特等；全球电脑产业由不到 5 家公司垄断，如苹果、惠普、联想、戴尔等；全球搜索引擎基本由谷歌垄断，中国市场则基本由百度垄断；全球电子商务市场主要由不到 5 家公司所垄断，如阿里巴巴、亚马逊、京东等；其他行业如社交媒体、飞机制造、民用航空公司、物流产业、手机制造、通信设备、芯片产业、商业银行、投资银行、机器人产业、媒体、电影、百货商店、家用电器、奢侈品、钟表制造等，概莫如是。

14. 新古典经济学完全无法解释像"摩尔定律"这种高科技的神奇发展历史，新经济学的规模收益递增和技术指数式增长则能够完整地说明摩尔定律的背后机制。摩尔定律实际上是人类创造性所彰显的奇迹，它本身并不是一个自然定律。摩尔定律真正揭示了人的创造性奇迹。

15. 新古典经济学无法解释硅谷如何成为全球最著名的科技产业创新中心，如何会有如此奇特的产业聚集效应。中国类似的例子亦数之不尽，如深圳、杭州的高科技创新和产业聚集，义乌小商品市场的崛起，广东佛山的陶瓷产业集群，番禺的家具产业集群，温州垄断全世界的纽扣和低压电器产业集群，广州乐从的钢铁贸易中心，等等。只有规模收益递增、突变和锁定效应，才能解释上述现象。

16. 新古典经济学几乎无法解释那些资源极其贫乏的国家为什么创造了经济增长奇迹，新古典内生增长理论的解释力亦不足；基于人心无限创造性或创造力的新经济学则完全可以解释为什么资源禀赋并非经济增长的必要条件，更不是充分条件，相反，创造性思想、创造性教育、创造性科技才是任何国家或地区经济增长最基本的条件，是必要条件也是充分条件，是最重要的资源。最经典的案例包括日本、亚洲四小龙、以色列、瑞士、英国、德国、荷兰等。这些国家或地区自然资源极为匮乏，却依靠高质量和富有创造性的教育和科技成为全球收入水平最高的国家或地区。相反，世界上有很多自然资源非常富有的国家，却依然深陷贫穷或欠发达的泥潭。

17.越是富有创造性的行为，越符合规模收益递增、锁定效应或垄断规律。高科技领域所有的技术和产品都符合规模收益递增、锁定效应和垄断的基本规律。很多传统领域同样符合规模收益递增法则（譬如老干妈辣椒酱产业的崛起），现实生活里其实很难找到或完全找不到哪怕是接近或近似新古典经济学完美市场竞争的案例，仅此一点足以说明新古典经济学是一个思想的乌托邦，与真实经济无关。新古典经济学的思维方式和研究范式应该被放弃。

改变人类经济历史进程的大事都是不可预测的，譬如哥伦布发现新大陆，英国光荣革命的爆发，工业革命的爆发，英法战争中英国奇迹般战胜法国，美国独立战争和美国的建国，日本明治维新的突然崛起，德意志帝国的统一和迅猛崛起，苏联的轰然解体和东欧的剧变，中国实行改革开放后奇迹般的飞速增长。

伟大的科技发明同样是不可预测的。譬如蒸汽机的发明，石油的发现和应用，汽车的发明，电的发明，计算机的发明，互联网的发明等。

我们还可以列举出众多历史上规模收益递增或锁定的著名案例。譬如：钟表指针的方向，电脑键盘的发明，VHS（家用录像系统）和Beta（盒式录像机系统）的竞争，微软的操作系统迅速占据垄断地位，脸书和腾讯的社交媒体迅速占据垄断地位，亚马逊和阿里巴巴的商业生态系统迅速主导电子商务市场，汽油机车或汽油发动机占据主导地位，核能技术里面的轻水反应堆占据主导地位，等等。

第二章

新经济学范式的市场和价格理论

市场和价格理论是新古典经济学的重心和精华

有这样一个故事：经济学大师米尔顿·弗里德曼和犹太教的著名学者之间有一场精彩对话。弗里德曼问犹太教学者：您能用最简单的一句话概括犹太教教义的精髓吗？学者答曰：己所不欲，勿施于人。犹太教学者问弗里德曼：那么您能用一句话概括您的经济学吗？弗里德曼答曰：天下没有免费的午餐（there is no free lunch in the world）。

天下没有免费的午餐，天下一切皆有价。是的，市场和价格理论是新古典经济学的重心和精华。依照新古典经济学的传统，市场理论就是价格理论，研究市场就是研究价格机制。依照马歇尔、弗里德曼、科斯、张五常的传统，全部经济学就是价格理论。他们并不喜欢微观经济学这个术语，他们喜欢用价格理论这个术语。所谓微观经济学就是价格理论。

市场的神奇之处究竟在哪里？斯密认为市场之谜的核心是看不见的手，萨缪尔森所著经典教科书《经济学》曾经以诗一般的语言赞美"市场之谜"的神奇和伟大：

> 我们可以看一下纽约市。如果没有物品不断地流入和流出这个城市，纽约人只要不出一个星期便会濒临饥荒的边缘。为了纽约人的生存，周边世界必须提供许多物品和服务。从邻近的市县，到美国的 50 个州，再到世界上若干个遥远的角落，物品都在日日夜夜、源源不断地流进纽约这个城市。
>
> 为什么纽约 1000 万市民能够如此长期地高枕无忧，而不必担心他们所依赖的复杂而精良的市场经济机器会突然停转？答案是令人吃惊的：这些经济活动完全可以通过市场机制得到协调和保障，并不需要

也没有任何人为之进行统一的指导或强制它如何运行。[①]

经济学者已经从多个角度来理解"市场之谜"：供求关系、价格机制、合约理论、不对称信息经济学、博弈理论、激励机制设计理论等。所有这些理论皆富有洞见和极具启发性，对现实经济制度和机制的设计亦产生重要和正面的影响。

吾之愚见，全部价格理论历史上有三部集大成的经典著作。一是斯密1776年出版的《国富论》，二是马歇尔1890年出版的《经济学原理》，三是张五常2019年出版的《经济解释》。斯密发现"看不见的手"的市场秩序和基本规律，石破天惊。马歇尔首次奠定价格分析的供求"剪刀"架构，垂范后世。张五常则将全部经济学简化为一条向右下倾斜的需求曲线（亦即需求定律），并以数之不尽的精彩实证案例做示范，蔚然大观，一以贯之。

依照古典和新古典经济学的传统，价格理论主要研究三大问题：其一，价格是如何决定的？其二，价格决定什么？其三，价格机制的优势和劣势在哪里？

关于第一个问题：价格是如何决定的？经济学者从三个角度深入讨论：需求如何决定，供给如何决定，供求如何实现均衡。演变到新古典经济学，需求如何决定则用需求函数或效用函数来分析；供给如何决定则用生产函数或成本曲线来讨论；供求均衡则以边际收益=边际成本=市场价格为皈依。

关于第二个问题：价格决定什么？此问题为张五常教授的授业恩师阿

---

① 保罗·萨缪尔森，威廉·诺德豪斯.经济学（第十九版）[M].萧琛，等译.北京：商务印书馆，2017：33.

尔钦首先提出。阿尔钦有一句名言：价格决定什么比价格是如何决定的要重要得多。张五常教授曾经说，就是这一句话改变了他的学术道路。大师之见，确实不凡！价格决定什么呢？价格是决定市场竞争胜负的准则，是决定资源配置效率的准则，是决定租值消散多少或朝哪个方向消散的准则。价格准则一旦被取缔，其他决定竞争胜负的准则必然随之而起，资源配置效率或社会经济增长之格局必定随之地覆天翻。价格决定什么？仅此一问，便开启了经济学研究的崭新天地。

价格决定什么？对此问题还有一个答案，那就是价格决定或解决经济体系的三大核心问题，即生产什么？如何生产？为何生产？弗里德曼和萨缪尔森皆以此概括价格机制的神奇功能。正是从这个角度，新古典经济学认为价格信号乃经济体系里最重要的信号。

吾辈提出面向未来的创造性范式，从面向未来的无限创造性视角来考察人类经济体系，则生产什么、如何生产、为谁生产之三大问题，并非完全由价格信号决定，尤其是生产什么和如何生产之问题，则主要取决于企业家面向未来的创造力、想象力和愿景，价格信号只是一个辅助信号。易言之，从面向未来的创造性角度考察，市场理论并不等于价格理论，价格机制或价格理论亦不能概括全部市场理论，价格信号亦不是经济体系里最主要的信号或信息。新古典经济学的一个重要缺陷是将市场理论简单等同于价格理论，将市场机制简单等同于价格机制。市场是一个复杂的动态演化的生态体系，市场机制要比价格机制丰富得多。《新经济学》第四卷将讨论什么是经济体系里最重要的信号或信息。

价格机制具有何种优势和劣势？价格机制是否能够实现资源最优配置或帕累托最优？此问题是市场和价格理论争议最多的问题。新古典经济学的基准模型——阿罗-德布鲁一般竞争均衡模型——在多项严格的假设条件下，证明价格机制能够实现资源最优配置和福利最优化，即帕累托最优。《新经济学》第一卷对此有详尽阐释和批评。

价格机制能够实现帕累托最优，此一重要结论成为新古典经济学的中流砥柱，亦是现代经济政策的理论基石，20世纪后期更是演变为著名的"华盛顿共识"，即以私有化、市场化、全球化为核心的一整套政策组合建议。

然而，亦有很多经济学者构造各种数学模型，证明完全自由的市场竞争并不能带来最优资源配置和福利最优化。以创立信息经济学而荣获2001年诺贝尔经济学奖的约瑟夫·斯蒂格利茨教授曾经与合作者构造多个数学模型，证明斯密的"看不见的手"绝非上帝之手，市场机制有内在的缺陷，此为政府干预市场或纠正市场失败提供了理论支持。

围绕政府和市场如何界定各自的功能边界，经济学者已经争论数百年，还将继续争论下去。因为基于不同的假设，经济学者既可以证明市场有效，亦可以证明市场失败。然而，综合平衡言之，多数经济学者都同意：市场竞争之好处大于市场失败之坏处，否定市场竞争必定导致经济失败甚至灾难。此结论与其说是来自经济学者的数学模型证明，倒不如说是历史经验给我们的深刻教训。

新古典经济学市场和价格理论的核心：三大理论

简而言之，新古典经济学的市场和价格理论的核心就是三大理论：其一是一般竞争均衡理论，其二是博弈论，其三是理性预期理论。新古典经济学的核心问题是供求均衡，基准模型就是阿罗–德布鲁模型。

概而言之，新古典经济学的市场和价格理论有如下主要结论：

第一，最重要的结论：完美市场竞争均衡满足帕累托最优，即边际成本＝边际收益＝市价是最理想的经济状态。新古典经济学由此引发出几乎所有关于市场和价格的结论，特别是关于竞争和垄断的理论，以及反垄断的理论，等等。《新经济学》第一卷对此有详尽批判。

第二，边际成本定价理论，即企业最优定价策略是依照边际成本定价。科斯曾经作文批判边际成本定价理论，却不够彻底。企业家都知道，假若企业依照边际成本定价，必然亏损，最终被市场淘汰。边际成本定价理论之无稽，由此可见。

第三，市场是静态的、均衡的、有效的。新古典经济学将动态、非均衡、无效率看作例外，将静态、均衡、有效看作市场的常态。登峰造极之理论就是由芝加哥大学教授、2013 年诺贝尔经济学奖得主尤金·法玛发扬光大的有效市场假说。

第四，市场和价格是一体平铺，即市场和价格是平的，市场和价格没有结构或层次，从实现资源最优配置角度看，所有价格的"权力"或"支配力"都一样。

第五，市场没有主角，市场就是一个需求函数（效用函数）和一个供给函数（生产函数）。市场和价格均衡就是求解需求函数和供给函数方程式或方程式组。

第六，市场总是具有自动迈向均衡的趋势或力量。芝加哥大学的米尔顿·弗里德曼和约翰逊将此理论引入金融市场，以此预测一旦实现完全的自由浮动汇率，则各国所需外汇储备将下降为零。事实证明弗里德曼和约翰逊大错特错。弗里德曼和蒙代尔围绕此问题的争论持续数十年，堪称经典。

第七，价格是经济体系里最重要的信号，价格信号决定经济体系生产什么、如何生产、为谁生产。萨缪尔森和弗里德曼皆如此说。事实证明，此结论基本是错误的观察和结论。

第八，新古典经济学登峰造极的理论是所谓的理性预期假说和有效市场假设。多数经济学者今天不再相信这两个基本假说。

第九，市场是一个博弈过程，不是一个创造过程。博弈论被广泛运用到经济学中，是20世纪中期以来经济学最醒目的发展。

从新经济学角度——面向未来的创造性角度——考察市场和价格，基本结论与新古典经济学的结论恰恰相反。

市场第一定律：经济体系的核心问题不是市场的供求均衡，而是市场的创造性扩张、创造性毁灭、新陈代谢、动态演化、非均衡、突变和拐点。

供求均衡从最基本的意义上讲是不存在的，至多是短期内的暂时现象。真实经济体系是一个生态体系，市场同样是一个生态体系。市场不是新古典经典模型所假设的"瓦尔拉斯式的拍卖市场"，即完全同质的供应者和需求者竞价购买或销售完全同质的商品；市场亦不是一个固定的场所，供应者和需求者能够随时随地按照所谓均衡价格实现交易；市场更不是一个简单的需求函数或效用函数。

市场是一个每时每刻都在进行创造性毁灭或新陈代谢的生态体系。每时每刻都有参与者加入或退出，都有新技术、新产品、新服务被淘汰或被引进来。交易模式、定价模式、商业模式随时随地处于变化之中。

因此，新古典经济学描述市场的那些术语，诸如均衡、市场出清、边际定价等，都应该被抛弃。经济学者的注意力应该专注研究市场生态体系的动态演化机制。

市场第二定律：市场本身是一个动态过程，是一个发现和创造的过程。

市场首先是一个发现的过程，是一个新发现不断涌现的网络，包括发现新的信息，新的思想，新的创意，新的商业模式，新的技术手段，新的生产方式，新的市场。市场又是一个创造的过程，创造新的信息，新的思想，新的创意，新的商业模式，新的技术手段，新的生产方式，新的市场。

经济学者确实讨论过市场信息的搜寻过程。譬如，芝加哥经济学派大宗师乔治·施蒂格勒1961年发表了后来荣获诺贝尔经济学奖的经典论文《信息经济学》，主旨是将市场看作一个信息搜寻的过程。施蒂格勒的论文旨在解释所谓"价格歧视"现象，即同一种物品（譬如玉石、艺术品、奢侈品、演出票，甚至日常生活用品，等等）在不同市场（地方）的价格有差异。施蒂格勒论文的逻辑是，因为同一物品的市价有差异，所以人们要搜寻，以便找到价格最相宜的，亦即搜寻的边际成本等于搜寻的边际收益。张五常指出施蒂格勒的逻辑应该颠倒过来，不是因为市价有差异刺激人们去搜寻，而是人们的搜寻过程导致价格差异。与其说是搜寻过程，倒不如说是一个发现的过程。此是针对已有物品而言，对于企业家准备创造的新产品和新服务而言，市场和价格皆是一个创造的过程，或者是一个试验或试错的过程。

奥地利经济学派大宗师哈耶克1945年发表雄文《知识在社会中的运用》（The Use of Knowledge in Society），其核心论点是，市场运作需要的知识是分散的，市价的确定与市场的运作需要市场所有的消费者及产出者提供自己拥有的信息或供求的取舍信息。奥地利经济学派后继者更进一步，指出市场是一个发现的过程，市场信息并非既定存在，只有每个市场参与者真实的供求行为才能创造出新的信息或市场信号。

因此，对市场和价格信号的正确看法应该是，市场是一个发现的过程，一个创造的过程。

市场第三定律：创造性毁灭意味着市场是一个时刻演化的动态过程。

市场动态演化的速度主要取决于技术进步的速度。信息技术产品新陈代谢的速度由摩尔定律决定。人工智能、机器人、大数据时代产品和服务新陈代谢的速度则由比摩尔定律更快的技术加速度或指数增长定律决定。我们在电脑、互联网、人工智能、机器人、大数据等新型科技领域里观察到的最主要的现象是，市场更新换代的速度并不取决于消费者的需求，而是取决于供给者的供给替代速度，供给者的供给替代速度则取决于技术进步的内在规律。因为任何供给者如果不能跟上技术进步的速度，则必然被市场"创造性毁灭"过程毁灭掉。所以每一个供给者必然力图采用或创造最先进的科技，力图抢占最新科技的前沿制高点。这就是摩尔定律或技术进步指数增长定律背后的力量。

市场第四定律：市场是一个网络式的扩张过程。

所谓网络式的扩展过程，其实就是一种生态体系的扩张过程。任何新技术和新产品的诞生，必然会创造出一个生态体系，这个生态体系的扩展完全是不可预知的。例如，汽车的发明很快带动石油工业的革命性扩张，随之而来的高速公路网、加油站、便利店、汽车旅馆、4S店、快餐食品、汽车修理、汽车配件、汽车装饰、洗车店、路灯系统、与路灯系统相关的各种电子和智能系统、汽车音响、汽车内部的豪华装饰，如此等等，这个生态体系几乎覆盖了人类生活的每一个角落。

互联网尤其如此。互联网显著地展示了市场的网络式扩张。互联网初期的应用是电子邮件，很快发展出信息门户网站、搜索引擎、电子商务、社交媒体、互联网支付、互联网金融、互联网政务、互联网教育、互联网医疗、互联网科研合作，如此等等，而其中每一个又各自发展成为一个无限扩张的网络式生态体系。特别重要的就是电子商务和社交媒体。电子商务几乎将经济体系的所有环节全部整合进来，从产品的设计、生产、线上销售、物流、移动支付、售后服务、数据分析，一直到根据新的数据和信息设计新的产品。电子商务生态体系无远弗届，从一开始就是一个全球性的网络状的市场。

市场第五定律：市场是一个不可预测的面向未来的创造性网络。

市场自身所激发的那种自发自在、去中心化、不可预测的无限创造性，可能是人类经济体系的最大奇迹或神奇之处。早在千年之前，古丝绸之路和茶马古道就成为一个富有创造性的跨国市场，成为东西方文化相互交流、相互刺激、相互创造的充满活力的生态体系。十字军东征所开辟的从欧洲到耶路撒冷的基督徒朝圣之路，同样成为一个富有活力的市场生态体系，它竟然创造出一个真正现代意义上的跨国金融体系，这些创造完全是市场上那些不知名的、数之不尽的参与者"自发自在"地创造出来的。

现代工业革命之后，全球市场的广度和深度得到飞速扩张，其创造力达到令人惊叹的程度。前面提到汽车的发明创造出一个无远弗届的经济生态体系，电视机的发明则是另一个显著的例子。电视机的发明带动无数个电视台的建立，激发各种各样电视剧或电视片的创作，极大地鼓励音乐或戏剧演出的创新，激发剧本的写作、小说的写作、动漫产业的兴起、广告业的革命、电视购物的勃兴、体育产业的划时代变化……内容的无限丰富反过来给电视技术提出更高的要求，刺激电视技术的日新月异。电视技术的日新月异（包括电视信号的发射和传播、屏幕显示技术的不断改进等）反过来为完全崭新的内容（特别是动漫）的创作创造了条件。技术和内容、科技和艺术、消费者和生产者不是单向的关系，而是无限可能性的多样性的合作。这就是创造性生态体系的本质特征。

互联网的发明充分展示了自发自在市场创造体系的神奇威力。互联网的每一个应用都形成了独特的生态体系，都是一个独特的创造和创新体系。

譬如，著名的维基百科就是全世界无数互不相识的人的集体创作，其内容之丰富和精准，远远超过著名的大英百科全书，而且维基百科和其他类似的百科全书一样，始终处于动态更新之中，它真正最大限度地运用了全人类的智慧，这绝对是一个史无前例的奇迹。

最令人惊叹的是微信的推出。毫无疑问，微信是过去10年全球互联网领域最成功的应用程序。它本来是面向iPhone用户的，但其用户数和活跃程度很快超越应用程序商店中的任何应用，形成一个具有无限扩展性和无限想象力的生态体系。在微信生态体系里，金融支付、网络购物、网约汽车、共享单车、外卖派送、旅游定制、工作交流、学术讨论、信息发送、谈情说爱……应有尽有，我们日常生活的一切都被搬上了微信平台，今天几乎所有中国人的生活都离不开微信。这是一个令人叹为观止的奇迹。更为重要的是，微信生态体系里的那些应用相互融合之后又创造出无数新的应用，形成新一层极的生态体系，各个生态体系之间相互融合，万物互联，共生共长。譬如，公众号和微信群正在以惊人的速度彻底改变媒体行业和广告行业。微信支付正在颠覆许多传统的金融服务模式。难怪腾讯公司会成为亚洲市值最大的公司，成为全球最具影响力的互联网企业之一。微信的全部威力就是来自生态体系的无限创造力或创新活力。

市场第六定律：市场动态演化的主导力量是企业家或创新者。

自从马歇尔的《经济学原理》问世以来，他提出的那个"剪刀"分析架构就一直令人捉摸不清，误导后人。张五常撰写《经济解释》的动机之一就是要搞清楚"马歇尔的剪刀到底如何剪"。

这个问题的实质就是，市场的主导者到底是消费者还是企业家？供求均衡无法回答这个问题。管理学大师彼得·德鲁克的名著《创新和企业家精神》曾经深入讨论20世纪两位经济学大师：凯恩斯和熊彼特。依照凯恩斯的经济思维，经济体系的主导者是消费者，是所谓需求管理；依照熊彼特的经济思维，经济体系的主导者是企业家，是企业家的创新和企业家精神。

同样，市场的主导者不是消费者，而是企业家。企业家创造市场，不是消费者创造市场。消费者主要是适应市场。试问：在电子商务没有出现之前，哪个消费者曾经设想过可以网络购物呢？共享单车和网约汽车出现之前，哪个消费者想过可以使用共享单车和网约汽车呢？微信出现之前，哪个消费者设想过使用一款应用程序来处理日常生活的一切呢？智能手机出现之前，哪个消费者有使用智能手机的需求呢？福特汽车的创始人亨利·福特曾经说，如果我问消费者他们的需求是什么，他们的回答永远只是一个更好的马车。乔布斯说，需求是我们创造出来的，不是市场调查出来的。消费者的需求最多只是一种潜在的需求。只有当企业家创造出崭新的产品和服务，消费者的需求才被激发出来。从这个意义上说，马歇尔那著名的"剪刀分析"等于是说笑话！

市场第七定律：价格不是供求均衡决定的，价格是企业家根据租值法则，通过尝试或试错过程逐渐发现或调整的。

新古典经济学的理论基石就是价格由供求均衡决定。任何稍微了解市场运作的人立刻就会认识到，新古典经济学的价格理论完全是错误的。供求均衡决定价格的理论是错的，边际定价的理论同样错误。

张五常教授所著《经济解释》的一个重要贡献是否定边际成本定价原理，正确地指出企业的实际定价是根据生产的上头成本加市场租值而定，我称之为市场定价的租值原则。

易言之，任何企业家对产品和服务的定价首先是要力求收回生产投资的上头成本，然后根据产品和服务的独特性或垄断程度尽可能获得最高的"租值"，再根据市场需求的变化不断做出调整。原则上，如果市场需求巨大，一个具有垄断性或独特性的产品可以任意要价，以获得最大的租值，譬如微软的操作系统、英特尔的芯片、贵州的茅台酒、邓丽君和迈克尔·杰克逊的金曲，等等。企业家之所以不能任意要价，一是因为要权衡需求量和价格之间的关系，力求获得最大的收入；二是因为要考虑竞争对手的潜在竞争；三是因为要考虑消费者的替代选择，任何独一无二的产品都有替代品，消费者最直接的替代就是"不消费"。

市场上其实从来没有均衡价格或固定价格那回事。看似固定的价格，往往包含着产品质量、服务方式、售后服务、折扣优惠、赠送礼品等千奇百怪的销售策略，所以任何看似固定的价格其实都是时刻变化的。我们还需要考虑购买者的搜寻费用和其他费用。企业家始终在根据市场需求的动态变化、产品和服务质量的变化、商业模式的变化调整价格。价格永远处于一种动态试错或调节过程中。

金融产品和服务的价格尤其如此。全球金融市场上有大量的浮动利率债券或理财产品，并没有根据所谓供求均衡来确定一个固定的价格或利率。即使是利率固定的债券或理财产品，风险的变化实际上也意味着价格或收益率的变化。

新古典经济学者固守所谓均衡价格、均衡利率、均衡汇率等错误的理论，不仅与企业家的真实决策毫无关系，而且极大地误导了许多重大政策问题。均衡汇率是最显著的例子。读者可以参考我多年前出版的《不要玩弄汇率》[①]，该书从多个角度证明均衡汇率理论是无稽之谈，根源则是新古典经济学错误的均衡价格理论。

---

① 向松祚.不要玩弄汇率[M].北京：北京大学出版社，2016.

市场第八定律：市场或企业竞争的优胜者不是由价格决定的，市场的优胜者是那些洞察未来、创造未来的人。

阿尔钦和张五常的一个基本理论是：以市价作为竞争准则是租值消散最小的竞争准则。这是完全正确的。

然而，价格并不是决定竞争胜负的关键力量。决定竞争胜负的关键力量是企业家的创新精神。那么价格决定什么呢？价格决定短期内现有产品和服务的需求和供给变化。

市场第九定律：市场和价格具有一种权力结构。

新古典经济学的市场和价格理论的一个重要误导是：市场和价格是平的，即市场和价格没有结构，没有权力或支配力或主导力之分。不仅鸡蛋、白菜的价格与石油的价格没有本质区别，货币市场的价格（利率）和股权市场的价格与普通商品服务的价格也没有本质区别。因为新古典经济学研究市场的重心是市场均衡和市场出清，以为就市场均衡和市场出清而言，所有价格的功能和作用都是一样的。

新古典经济学的基准模型里没有任何"定价者"（price maker），所有参与者都是"受价者"（price taker）。既然连定价者都没有，自然不存在任何价格结构或市场结构的问题。当然，很多新古典传统的经济学者都曾经深入讨论"受价"和"定价"问题，张五常教授对市场上缤纷多彩的受价、定价、造价行为有极其详尽和精彩的解释。

新古典经济学亦讨论市场结构，却集中于讨论竞争、不完全竞争、垄断竞争、垄断、寡占等问题，并没有讨论市场和价格内生的层级结构和权力结构，亦没有讨论不同的市场和不同的价格具有不同的支配力或主导力（不同的权力）。

新古典经济学大错特错。任何复杂的生态体系皆是一个具有内在分层结构的体系，经济体系或市场体系同样如此。任何企业家都知道，处于产业链不同位置的企业，其定价或受价的权力完全不同。居于产业链高端的企业，往往具有极大的垄断性质的定价权，并因此获得超额垄断利润。居于产业链低端的企业，往往是被动的受价者。就好比地球生物生态体系里各种动植物处于食物链的不同位置，其吸收营养和消耗能源的方式，乃至生存和发展的机遇、面临的死亡威胁等，都存在巨大差异。市场体系里的不同参与者同样如此。新古典经济学者对如此重大的问题视而不见，是故其解释力和启发力乏善可陈。

市场和价格的权力结构主要体现为不同的市场和不同的价格具有不同的影响力，不同市场和不同价格所传递的信息差异巨大。货币市场或金融市场的各种信息和价格，往往对整体经济具有决定性影响，尤其是中央银行的基准利率调整，可以立刻改变所有企业的股权定价、大宗商品的价格以及所有商品和服务的价格。

经济体系产业链重构的本质就是价值链的重构或价格权力结构的重构。大型连锁商业或大卖场崛起之前，企业能够完全掌握自己产品的定价权；这些垄断销售渠道的大型连锁商场崛起之后，企业的定价权被大大削弱，甚至沦为被动的受价者。电子商务迅猛崛起之后，产业链和价值链再一次被颠覆和重构。企业家都深深知道定价权的极端重要性，新古典经济学却很少讨论价格的权力结构，那些著名的教科书里没有任何关于市场和价格权力结构的内容。

笔者 2014 年出版《新资本论：全球金融资本主义的兴起、危机和救赎》[①]，深入分析全球金融资本主义的崛起和运行机制，首次系统阐述了金

---

① 　向松祚.新资本论[M].北京：中信出版社，2014.

融市场及其价格的权力结构。读者可以参考。

市场第十定律：价格并不是经济体系里最重要的信息或信号。价格并不是决定生产什么、生产多少、如何生产、为谁生产的关键变量。

正是基于供求均衡和市场出清的阿罗-德布鲁一般均衡模型，新古典经济学认为价格信号是经济体系里面最重要的信号和信息，价格信号决定生产什么，生产多少，如何生产，为谁生产。萨缪尔森的经典教科书《经济学》一开篇就指明价格信号指引经济体系解决三大问题——生产什么、如何生产、为谁生产。米尔顿·弗里德曼亦多次赞扬价格信号指引资源最优配置的神奇魔力。几乎所有经济学者对价格机制的重要性、有效性和最优性都没有疑义。

价格机制或价格信号的重要性当然毋庸置疑。然而，市场机制是不是简单等于价格机制？价格机制或价格信号是不是指引经济体系资源配置最重要的或唯一的机制或信号？这些问题的答案并非不言自明或一目了然。

首先，一个复杂的动态的生态体系之演化，必定具有多重信号、信息和机制，新古典经济学专注研究价格机制和价格信号，成就斐然。然而，市场生态体系还有许多其他的重要机制来指引、协调和决定资源的利用和配置。

我们通常以"看不见的手"和"看得见的手"来概括资源配置的机制或手段。价格信号属于看不见的手，政府干预和公司内部协调属于看得见的手。实际上，看不见的手无处不在，看得见的手亦无处不在。钱德勒的著作《看得见的手》以精彩绝伦的历史研究证明，美国在工业革命巅峰时期，价格信号和价格机制并不是资源运用和资源配置最重要的信号和机制，管理者的决策和企业内部协调才是决定性的力量。显然，管理者的决策和内部协调绝非仅仅依靠价格信号。

如果我们从生态体系的视角观察市场，那么市场机制其实包括看不见的手和看得见的手，二者的界限不是泾渭分明、截然两面的。譬如，产业价值链或上下游的协调、合作、整合，区域经济之间的协作、整合、竞争，公司内部各个部门之间的协调、配合、竞争，政府和企业之间的合作、协调、配合，大学和研究机构与企业之间的合作，互联网平台上无数互不相识的个人之间的创造性协作，金融机构和非金融企业之间的融资、股权或相互持股等，这些协作机制既有看不见的手，又有看得见的手。市场机制显然比价格机制要丰富和复杂得多。

我们区分了两种经济行为：面向现有资源的选择性经济行为和面向未来的创造性经济行为。如果说价格信号对于面向现有资源的选择性经济行为是非常重要的信号，那么对于面向未来的创造性经济行为，价格信号至多是一个辅助性的信号。

对面向未来的创造性经济行为而言，富有创造性的个人对未来的愿景、预期和梦想才是支配资源配置的关键力量。任何一个企业家和创业家立志创造一种新的科技、新的产品、新的服务，都会从根本上改变资源的配置和使用。

企业家是决定资源配置最重要的主体。任何深入了解企业家决策的人都知道，价格信号只是企业家决策的一个辅助性因素。当企业家面向未来决策的时候，他们的根据往往是"面向未来我们应该做什么"，或者"未来可能朝着哪个方向前进"，或者干脆就是企业家自己的主观愿望或愿景。

企业家和政治家面向未来的决策，尤其是那些改变人类历史和命运的重大决策，根本上就没有任何"价格信号"来指导，指导他们决策的是他们对未来的愿望、愿景；是他们的思想和深刻洞见；是一种科学难以给出合理解释的直觉。

是的，乔布斯就深信直觉，许多伟大的科学家、企业家和政治家也深信直觉。价格信号或许有一定的辅助作用，但绝不是决定性的作用。思想、洞见、愿景、愿望、直觉是最重要的力量，甚至是决定一切的力量。

企业家（亦包括政治家）之间的差别不在于谁掌握多少技术、金钱或人力资源，而在于谁具有真正能够引领世界和改变世界的伟大思想和洞察力，在于谁具有那种让众人相信他的愿景和信念的"奇理斯玛效应"或魅力，这才是决定资源配置最关键和最重要的力量。价格机制和斯密"看不见的手"机制顶多只是一个补充。任何熟悉伟大企业家和政治家决策机制和过程的人都应该知道，价格信号或"看不见的手"其实并不重要。难道企业家和政治家的决策不是决定人类资源配置最关键的决策吗？

20世纪美国经济学家的两位主要代表人物是萨缪尔森和弗里德曼，尽管二人的许多经济观点判若天壤，却同声赞扬市场价格信号能够决定"生产什么，生产多少，为谁生产"，主流经济学因此将价格机制和斯密"看不见的手"尊崇到至高无上的地位。事实上，这是经济学者自欺欺人的一个"神话"或"假话"。企业家决定生产什么、生产多少和为谁生产，其决策的关键变量并非价格，而是企业家面向未来的宏观战略，价格只是次要的变量。一位决心创造一个新产业、开拓一个新市场的企业家，则更是无从遵照任何价格信号的指引。伟大的创新者和企业家决定创造一种新的产品和服务的时候，他们甚至不知道市场需求在哪里。伟大的企业家和创新者不仅创造科技、创造产品，更创造需求、创造市场。在乔布斯和盖茨等一批天才发明出个人计算机之前，谁有个人计算机的需求？个人计算机的市场在哪里？能够指导乔布斯和盖茨等人发明个人计算机硬件及软件的价格信号在哪里呢？在苹果公司连续推出iTunes、iPad、iPhone等令人眼花缭乱的产品和服务之前，有谁知道这种需求呢？哪里有价格信号来指导苹果公司"生产什么、生产多少和为谁生产"呢？所有伟大的企业家和创新者莫不如是。

主流经济学相信价格信号和斯密"看不见的手"能够指导全社会"生产什么、生产多少、为谁生产",完全是一个容易产生误导甚至错误的理论。价格信号顶多是一种次要和补充的作用。真正决定资源配置的是人们的思想、洞见、远见、愿景、愿望、预期、理想,易言之,是人性深处那永恒的"创造性动力"或"道德创造的本源动力或动机",是立志改变世界的"创造真几"。要想人类资源配置朝着理想的方向迈进(即实现人与人的和谐发展、人与自然的和谐发展),关键是人们的思想、意识、品位(尤其是社会中起关键作用的企业家和政治家的思想、意识和品位)要不断朝着那个理想之境迈进。增进人类社会的福利、实现人类社会的理想,是没有什么价格信号来指导的,更不能依靠斯密的"看不见的手"。

由此引发出一个重要的问题:经济体系里最重要的信号是什么?我要到《新经济学》第四卷才试图回答这个问题。

从创造性视角思考"市场之谜"

市场首先是一个网络,市场的意象不是无限多个参与者的简单组合和加总,而是由无限多个参与者相互交织和联系所构成的网络结构,网络才是市场的真正本质和意象图景,但经济学者依然习惯于将市场简单划分为供应者和需求者,依然停留于二分法(供应者和需求者、受价者和定价者、垄断者和非垄断者等)。

网络的第一大特征是分布式、去中心化,没有一个真正的中心和居于中心的管理者或控制者。全球市场哪里有一个中心呢?哪里有一个居于中心的管理者或控制者呢?市场上的参与者当然有大小之分,价值链或产业链当然有上下游之分，然而从整体或宏观层面看，市场其实没有一个中心，没有一个居于中心的管理者或控制者。

网络的第二大特征是变化的无限可能性或无限多样性。市场参与者的身份随时可以变化，供应者也是需求者，需求者也是供应者，从来没有固定的供应者或需求者。市场参与者的相互联系亦随时随地发生变化，市场参与者的组合方式无限多样。

网络的第三大特征是没有任何边界或极限，市场可以永远无限制地扩张下去。旧的参与者退出市场，新的参与者加入市场。新陈代谢、推陈出新、创造性毁灭，是市场网络创造性的基本特征。

市场是一个发现机制。经济学者总是喜欢讨论受价和受价行为，对受价者而言，似乎价格是一个既定的事实。在很多情形下，这是对市场现实的正确描述。然而，市场的内在机制本质上是一个发现机制。需求者需要去发现供应者，供应者需要发现需求者，供求双方都需要去发现或尝试价格和各种合约形式。

市场是一个创造机制。我们在市场里发现的一切现象或景观——产品、服务、制度、组织、机制、合约等，并不是既定或现成的，而是被创造出来的，它们随时随地处于变化或重新组合之中。市场创造机制的一个最基本特征是自组织。在没有任何集中计划或命令的条件下，任何一个国家或区域内会自然而然地形成大大小小的市场，旧的市场消失，新的市场诞生。

纵观过去数百年，全球最主要的贸易、产业、金融和人才市场，如威尼斯、热那亚、佛罗伦萨、汉堡、阿姆斯特丹、伦敦、纽约、费城、旧金山、香港、新加坡、东京、上海等，它们的发展蕴含着无穷无尽的故事，这些全球性市场是由来自全球的数之不尽的参与者自发地创造出来的。它们就像茫茫大海中的一个个岛屿，或者是整个人类社区里的一个个群落，其实就是人类经济体系里的一个自组织结构。市场从无到有，从小到大，从单一市场到多样性市场，从最初的小摊小贩到庞大的集贸市场，再到门类齐全的专门市场，再到各种异常复杂的期货市场、股票市场、票据市场、大宗商品市场、贵金属市场、股权投资和私募基金市场，等等。简单的商品市场演变为复杂的百货市场或大卖场；商品市场演变出期货市场和大宗商品市场；简单的资金交易市场演变出股票市场和债券市场；股票市场和债券市场则进一步演变出衍生金融市场；如此等等，永无止境。

全球性市场完全符合网络结构的所有特征。

其一，任何单个参与者的进入或退出无足轻重，市场照样有效运转。金融市场历史上涌现过罗斯柴尔德、摩根财团、高盛集团等众多富可敌国的"近似垄断者或主宰者"，然而，任何财雄势大的财团或个人都无法独自创造或毁灭一个市场，许多大财团或传奇金融巨头从历史舞台销声匿迹，而金融市场却继续高歌猛进。从著名的"梧桐树协议"到现代异常复杂的交易规则，纽约证券交易所的起源和发展很好地诠释了市场的自组织或自发自在的演变历程。

其二，市场的演化和发展遵从规模收益递增或"锁定"定律。一个市场参与者越多，规模收益越显著，边际成本就越低，加上信息技术的快速进步，任何金融市场实际上可以容纳无限多个参与者。一个市场建立起来之后，规模收益递增定律随即形成一种锁定效应或赢者通吃。阿姆斯特丹迅速崛起成为欧洲最大的贸易市场和金融市场之后，欧洲大陆的其他市场就开始衰落，某些市场则完全消失；伦敦金融市场日渐壮大之后，英伦三岛其他城市曾经建立的市场就逐渐退出历史舞台；美国建国初期，波士顿、费城等地都有规模可观的金融市场，但随着华尔街的快速发展，其他金融市场逐渐销声匿迹。

其三，市场是一个相互嵌套的层级结构，大市场里嵌套着不同层级的市场。一个大卖场里面是许多家小商铺；一个大的证券交易所里面是许多个做市商（做市商撮合买卖双方，本质上就是一个市场）；交易所之间的相互协作或交易则形成全球统一的金融市场，全球金融一体化由此实现。

1978 年以来中国改革开放的惊人奇迹，实际上就是多样化市场的迅猛崛起或生长的力证。神州大地涌现出令人眼花缭乱、数之不尽的大大小小的各种市场，从早期的农贸批发市场一直到今天的电子商务市场。尽管所有地方政府都有鼓励市场发展的多种优惠政策，然而，如果我们深入研究神州大地无数市场的快速崛起就会发现，它们的起源和增长主要是遵循了市场演变的一般规律，即自组织、规模收益递增和锁定效应、嵌套层级结构。譬如广东佛山著名的家具市场，实际上是数千个不同市场的组合体系，从陶瓷、红木、西洋古典家具、中国传统家具、各种现代装饰……应有尽有，供应商和需求商则遍布世界各地，由此又衍生出多个全球性的家具建材交易市场和数以百计的物流市场，还有遍及全国和世界各地的分销市场。著名的浙江义乌小商品市场是另一个神奇的市场演化案例，它几乎完全是自发生长起来的，汇聚了来自世界五大洲的无数商家，商家相互交织形成遍布世界的商业网络，使义乌小商品市场成为一个典型的嵌套层级市场结构。马云创办的阿里巴巴也是一个市场自我生长的经典案例，阿里巴巴平台上容纳了数以千万计的各类小商家，每个小商家就是一个市场，同样形成遍及全球的商业市场网络。

第四章

从创造性视角看公司和一切经济组织

新古典经济学范式下的公司理论

很多年前，我出版了一本旨在总结新制度经济学的专著《张五常经济学》，该书第十章题为"从合约角度看公司"，开篇写道："以题材之重要性和广泛性而论，经济学很难找到能与公司相提并论的第二个题材。"[1]

公司理论牵涉到产权制度、交易费用、不对称信息、合约安排、博弈理论、公司融资、公司文化、公司治理的法律制度、公司经营的战略和策略等等，举凡人间一切学问，似乎都能够和公司扯上关系。此不足怪，因为公司就是当今人类最重要的经济组织。

经济学者致力研究公司取得的成果成绩斐然，影响深远。公司理论研究已经荣获 3 次诺贝尔奖：1991 年的获奖者科斯、2009 年的获奖者埃莉诺·奥斯特罗姆和奥利弗·威廉姆森、2016 年的获奖者奥利弗·哈特和本特·霍姆斯特罗姆。如果算上 1993 年的获奖者道格拉斯·诺斯，2001 年的获奖者乔治·阿克洛夫、约瑟夫·斯蒂格利茨、迈克尔·斯宾塞，1982 年的获奖者乔治·施蒂格勒，与公司理论密切相关的研究成果已经获得了 6 次诺贝尔奖（博弈理论其实也与公司研究有密切关系）。公司这个题材的重要性由此可见一斑。

严格地说，新古典经济学的阿罗–德布鲁模型没有任何公司理论或组织理论。正如张五常教授所指出的，新古典经济学的生产理论（Theory of Production）或企业理论（Theory of the Firm）与公司无关！新古典经济学的那一套理论模型将企业或公司看作一条生产曲线或一个生产函数，或者就是一个致力利润最大化的投入–产出黑箱。这正是科斯毕生批评的"黑

---

① 向松祚.张五常经济学[M].香港：花千树出版有限公司，2015.

板经济学"或"黑箱经济学",讨论企业却没有任何组织,没有任何结构,没有任何主角,没有任何活动。

现代公司理论源自奈特1921年出版的博士论文《风险、不确定性和利润》,以及科斯1937年发表且后来荣获诺贝尔奖的论文《公司的本质》。继承奈特和科斯的基本思想而发扬光大者有阿尔钦、德姆塞茨、巴塞尔、张五常、诺斯、威廉姆森、哈特、霍姆斯特罗姆等,可谓灿若群星,天才辈出。

概而言之,当代有关公司的各种经济学理论或学说大约有如下10种。

其一是奈特1921年在经典著作《风险、不确定性和利润》中首创的"风险承担"公司理论。奈特的伟大创见是:假若没有风险和不确定性,一切经济组织皆不需要,亦不会产生。公司和一切经济组织之产生,是由于风险和不确定性确实存在,愿意承担风险的企业家和经济组织(公司)就应运而生。且让我引用奈特的经典表述:

> 在这种崭新的生产制度下,愿意冒险和自我信心十足的创业者或企业家,就会承担生产的风险,他们向那些不愿意承担风险或胆小怕事的人承诺,保证向后者支付一个固定的工资收入,后者则反过来为企业家完成一定的工作。根据我们对人类天性的了解,如果一个人向其他人承诺支付固定的收入或工资,却没有权力来支配或指导后者的工作或生产活动,那将是完全不现实的,是非常罕见的。反过来,如果没有得到这样的承诺,任何人都不会愿意让别人来支配或指导自己的生产活动。①

---

① 富兰克·H.奈特.风险,不确定性和利润[M].王宇,王文玉,译.北京:中国人民大学出版社,2005.

上述这种多样化的职能分工和专业化，其演变结果便是产业发展过程中触目可见的企业组织和工资制度。它们之所以存在于这个世界，完全是不确定性的直接结果。

其二是科斯 1937 年在著名论文《公司的本质》中首创的"看得见的手"取代"看不见的手"之说，公司看得见的手取代市场看不见的手的原因，则是市场看不见的手的交易成本高于公司看得见的手的协调成本。①

其三是张五常 1982 年在著名论文《公司的合约性质》中所倡导的"公司合约说"。张五常的关键洞见是：与其如科斯所认为公司是看得见的手取代看不见的手，倒不如说是一种合约取代另一种合约。张五常说："最正确的看法，不是公司代替市场，也不是生产要素市场代替产品市场，而是一种合约代替另一种合约。"②

其四是阿尔钦和德姆塞茨 1972 年的著名论文《生产、信息费用和经济组织》中所主张的"卸责需要监管"公司理论。③

其五是威廉姆森的两部著作《科层组织》和《资本主义经济制度》所极力发扬的资源独特性和长期合约理论。④

其六是奥利弗·哈特和霍姆斯特罗姆致力研究的不完全合约、委托-代理关系和公司剩余索取权理论。

其七是奥地利经济学派米塞斯的"利润管理"理论。

---

① R.H.*Coase, The Firm, the Market, and the Law*, The University of Chicago Press, 1988,pp.33–34

② Steven N.S.Cheung, The Contractual Nature of the Firm, Journal of Law and Economics, April 1983.

③ Armen A.Alchian and Harold Demsetz, *Production, Information Costs and Economic Organization*. Economic Forces at Work, Liberty Press, 1977.

④ Oliver E. Williamson, *The Economic Institutions of Capitalism: Firms, Markets, Relational Contracting*. The Free Press, 1985.

其八是管理学家德鲁克在《公司的概念》和《管理的实践》中对公司起源的描述和定义。

其九是伟大的企业史学家钱德勒的经典著作《看得见的手》对公司兴起和内部治理结构的阐述和分析。

其十则是社会学家从"公司人"和"公司社会"等角度考察公司，以阐明公司制度与政府和非营利组织的区别。

概而言之，新古典经济学传统下的公司理论旨在回答一些重要问题：其一，为什么会产生公司这种组织？这是奈特和科斯的经典问题。其二，公司的本质到底是什么？此问题牵涉面极广。诸如：公司内部的合约结构具有怎样的特征？如何理解公司所有权和经营权的分离或产权安排的委托-代理关系？公司治理结构的本质问题究竟是什么？举凡张五常的公司合约理论、威廉姆森的企业科层结构理论、奥利弗·哈特等人的委托-代理理论等，皆是为了回答上述问题。他们的研究极大地拓展和深化了我们对现代公司本质的认识，特别是对公司治理各种微妙却又极其重要的具体制度安排的深刻理解。这些重要的研究结果对现代公司治理的法律法规亦产生极其深远的影响。

迄今为止经济学者研究公司和一切经济组织的视角有四个：价格视角、合约视角、博弈视角、法律视角。四个视角其实皆从价格机制演变而来，新古典经济学的公司理论本质上是微观经济学或价格理论的运用和延伸。

从现代公司理论发展出的多个重要的经济学理念，今天已成为经济学的基础改变，诸如产权制度、所有权和经营权的分离、交易费用或制度费用（交易成本或制度成本）、不对称信息、合约或不完全合约、委托-代理关系、剩余索取权等。现代公司理论所运用的基本分析方法是新古典经济学的基本分析方法，诸如局限条件下的最大化、边际、替代、均衡等。因此，现代公司理论同样属于新古典经济学范畴，尽管有些人认为以科斯和张五常为代表的新制度经济学脱离了新古典经济学传统。其实科斯和张五常所追随的正是严格的马歇尔传统。经济学的主流教科书已经开始深入讨论科斯的交易费用和社会成本理论（科斯定律）。从基本理念和分析方法来看，现代公司理论的各种流派并没有脱离新古典经济学的基本哲理和方法论。

现代公司理论的价格视角，就是将公司和一切经济组织看作价格机制的补充或替代，即公司"看得见的手"取代市场"看不见的手"。奈特、科斯、钱德勒都是从这个视角来观察公司的起源和公司的本质。

现代公司理论合约视角的主要开拓者是张五常。张五常在 1982 年发表文章《公司的合约性质》，将公司的本质看作合约的选择和安排，具体说，就是要素市场合约取代产品市场合约。合约视角本质上也是价格视角，只不过将价格转换为合约的形式和结构，从合约的角度看公司开启公司研究的新境界。由于经济体系里的合约关系环环相扣，延展到整个经济体系，且任何合约从法律意义上具有某种相同的性质，因此，从合约的角度看公司，张五常提出一个颇具争议的论断：公司无边界。科斯不同意张五常的公司无边界说。

博弈论视角亦是从价格机制演化而来，只不过转换为供求双方或多方的博弈和谈判；法律视角则是从产权和一般权利角度来观察公司和一切经济组织内部不同参与者的权利诉求及其安排。对这两个观察公司的视角，此处不详论。

从面向未来的创造性视角看公司

公司如何起源？为什么会有公司？相关的理论有奈特的风险承担之说、

科斯的交易费用之说、张五常的合约之说、阿尔钦和德姆塞茨的卸责之说、威廉姆森的机会主义之说、哈特的剩余索取权之说等。乍看起来，这些假说似乎都能够对公司的起源或公司因何而生做出某种解释，亦皆从某个侧面刻画了公司这种特殊经济组织的某种内在特征。

然而，从面向未来的无限创造性的新视角来考察公司这种经济组织的起源和本质，我们立刻就能看出，上述种种公司理论并未真正洞悉到公司的本质特征。

《新经济学》试图从面向未来的无限创造性的角度来重新审视公司的本质。基本论点如下：

其一，公司是具有独特创造力或创造性的经济组织，公司的创造力或创造性并不简单等同于公司员工个别创造力或创造性的总和，正如宏观经济行为并不简单等同于微观个体经济行为的总和。公司的独特创造力或创造性究竟是什么？具有怎样的特征？这是我们首先需要回答的问题，因为这才是公司真正的本质。

其二，与任何其他生命体一样，公司亦具有独特的生命形态或生命周期。管理学者一直非常重视研究公司的生命周期，经济学者却很少讨论。正如动植物的生命取决于动植物的基因和外部生态环境，公司的生命亦取决于公司的基因和外部经济生态环境。那么，公司的内在基因是什么呢？外部经济生态环境又是如何影响公司的生命或生命周期呢？吾以为这是公司理论必须回答的重要问题。

其三，如果我们承认公司是一种具有内在生命和独特创造力的经济组织，是复杂动态演化的经济生态体系里的"独特物种"，那么我们立刻就会明白，公司起源的交易费用之说、合约替代之说、卸责和监管之说等等，并不是对公司起源的正解。

依照交易费用之说，假若没有交易费用，则人人独立生产，然后到市场交换，经济体系之资源同样能够达到理想的最优配置，公司就不需要或不会产生。然而，公司是一种具有独特创造力的"经济物种"，即使没有交易费用，公司亦会"突变"出来，公司的创造力并非个体创造物的简单加总或交换可以替代。

依照卸责和监管之说，因为人与人合作之时，人有卸责和机会主义行为趋向，既影响工作效率，亦影响公平正义，于是监管者应运而生，以监管或督查卸责和机会主义行为，保证人人付出与其收入相当的工作量。这是异常简单的一个理念。1972 年，阿尔钦和德姆塞茨以此为主题的论文《信息和经济组织》，竟然成为《美国经济评论》创刊以来被引用次数最多的论文，实在令人惊讶。

其实，应该深入思考的问题是，为什么人们要选择合作，而不是单打独斗？风险和交易费用之说解释不了这个问题。吾以为人们选择合作的最本质的根源是，合作能够产生完全不同的创造力或创新力。人与人之间展开合作必定能创造新的富有独特创造性的"经济生命体"，就好比多个细胞合作必然构成新的生命体一样。多个细胞或分子合作，创造出更高级的生命物种。同样，人与人合作，创造出更高级的"经济生态体系新物种"。易言之，公司的起源应该是经济生态体系动态演化过程所"突变"出来的新物种或自组织。

因此，关于公司这种特殊的经济组织，需要回答的重要问题是：其一，公司的独特创造力或创造性究竟是什么？其二，为什么公司之间的创造力差异巨大？就好比人与人之间的创造力差异巨大一样。其三，作为独特生命体的公司的独特基因是什么？其四，公司的生命或生命周期是如何决定的？为什么日本公司和德国公司的平均寿命比中国公司的平均寿命要长得多？为什么有些公司能够长盛不衰、基业长青，而多数公司却快速衰落或死亡？

公司的独特生命力和创造力

正如我们讨论人的本质，说人是哺乳动物、灵长动物、社会动物、自私动物、理性动物，如此等等，皆各有道理，皆是精彩见解，但并未抓住人作为人的真正本质或内在本质。人作为人的真正本质或内在本质，是其具有无限创造性的价值生命，人具有超越的价值观和灵魂，能够自我觉醒、自我觉悟、自定方向、自我提升、自我实现、努力精进，直达人之价值生命之最高境界。

同理，公司这种经济组织的内在本质并非节约交易费用、监管卸责、监管机会主义行为、规避风险和不确定性、赢得剩余索取权、以长期合约替代短期合约等。我认为公司的首要特征或本质特征是一种旨在"创造未来"的使命、愿景、灵魂或理念。正如人的本质是其价值生命，公司的本质亦是其价值生命。人若没有任何价值生命的追求，则必定堕落为行尸走肉，直至肉体无法生存下去（人活一口气，树活一张皮，此理看似简单，实则深远无极）。

公司亦然，纵观世界，假若没有任何愿景、目标、理念或信念，则公司根本就不会存在，公司之衰亡或破产固然有诸多外部原因（如金融和经济危机、政府政策之变化等），正如人之死亡亦有许多外部不可预测之原因（自然灾害、传染病、重大疾病或遭人谋害等），然而，任何公司假若丧失基本的信念、愿景或目标，则必然人亡政息、破产关门。纵观世界，遥望古今，凡是基业长青或曾经创造伟大业绩、改变人类产业或经济发展方向的伟大公司，其独特或特异之处并非其拥有不同寻常的自然资源，而是拥有不同寻常的使命或愿景。

公司的另一个重要特征是其创造力的独特性。人类今天的经济生活和经济体系皆由无数公司构成，每个公司皆有其独特之处或特异之处。像华为、通用电气、苹果、微软、谷歌、阿里巴巴、腾讯、亚马逊等科技巨头，其内外合约何止千万种，依张五常从公司合约说所推导出来的"公司无界说"，我们并不能知道这些公司边界何在，因而从本质上无从界定一个公司，任何公司无非是无数个合约所构成的合约网络。

然而，事实上每个人都知道这些公司都有一个边界，此边界就是每个公司的独特性或特异性。苹果产品之零部件何止千万，为其配套生产零部件的企业何止千万家，然而我们购买苹果产品，却自然而然知道那是苹果的产品，不会认为那是某个零部件供应商的产品；苹果手机由富士康组装出货，我们购买苹果产品时，不会认为那是富士康的产品，富士康作为一个加工组装的巨型公司，亦自有其独特之处，其独特之处与苹果公司自然不同。此理甚为显然。

我们以如下命题来概括公司的独特之处或特异之处，亦即公司的本质。

第一，公司是经济体系演化的一种"涌现"或突变。

第二，公司的本质是一个面向未来的创造实体，是学习型组织、创造性组织、自适应组织、进化和演化组织。公司是一种创造性的秩序、创造性的平台或管理创造性的平台。市场经济本质上就是一种创造性的秩序或无序（有序与无序之间），市场经济本质上是创造性经济，企业家是最主要的创造之源，公司则是最主要的创造平台，使命、愿景和理念则是公司的本质和灵魂。科斯和张五常以节省交易费用来解释公司的起源，不能说错，却的确没有抓住公司的本质。即使所谓交易费用完全不存在，公司依然会诞生。因为人类大多数或几乎所有创造性活动都是集体性活动，即使是"独行侠"一般的艺术家、文学家、科学家的创造，本质上也是一种集体性创造，因为无论多么伟大的艺术家、科学家和文学家，皆必然是在前辈的创造性成果的基础上进行新的创造。独行侠般的科学家、艺术家和文学家的创造性活动尚且是集体性创造活动，为市场创造技术、产品和服务的经济组织之活动则更是一种高度集体性的创造性活动，更是内部和外部资源或生产要素的相互配合，是分工，是合作，更是一种互补。

第三，公司的寿命之谜。公司的诞生和死亡机理与人体内细胞的新生和死亡机理有某种相似之处。经济学者和管理学者的重要任务是寻找每个独特公司尤其是伟大公司的独特基因。

第四，公司的灵魂与人的灵魂一样，由使命、愿景、战略、文化构成。公司的价值生命和人的价值生命亦有相似之处。爱默生曾经说过，任何组织都是人的精神的延伸。

《新经济学》第四卷将深入讨论公司和一般经济组织的独特创造性。

第五章

创造性范式和经济增长之根源

纵观西方经济思想史,对理解人类经济增长而言,最具启发力的思想流派只有三个。其一是起自斯密、经由阿林·扬和杨小凯等人弘扬光大的分工学说。斯密认为劳动分工的细化和深化是财富增长之秘密。劳动分工之深化和细化就是技术进步。分工的深化和细化必然导致产业、产品和服务的多样化和独特性。其二是熊彼特戛戛独造的"创新、创造性毁灭和企业家精神",熊彼特认为企业家的创新是人类经济增长伟大话剧的绝对主角,他以企业家的创新活动为核心力量来分析经济周期波动,他认为是否拥有企业家及其创新和创造性毁灭是资本主义和社会主义的本质区别。其三是钱德勒在《看得见的手》中对现代大公司和管理资本主义的深入系统研究,生动展示了美国经济增长的现实历程。钱德勒随后将对现代大公司的研究扩展到欧洲、日本和世界其他国家,充分揭示了现代大公司的崛起对各国经济增长的极端重要性。钱德勒的研究重心是看得见的手取代看不见的手的历史进程,由此引发一个深刻的问题:人类现代经济增长的关键力量为什么是现代公司而不是其他经济组织?现代公司的独特创造力究竟是什么?源自何处?

上述三大学说不仅最具洞察力和说服力,而且最符合人类经济增长的历史和现实过程。

在三大学说里,又以熊彼特的企业家精神、创新和创造性毁灭最具启发力。我们必须向熊彼特致敬,他独创性地将资本主义经济体系的动态之源和增长之源总结为创新和企业家精神,精辟概括为"创造性毁灭"。新古典增长理论的数学模型看似严谨精致,令人有高深莫测之感,然而论思想震撼和启迪之深,千万数学模型亦不敌熊彼特所言的"创造性毁灭"区区几字!

正如哈佛商学院教授、《创新的先知——约瑟夫·熊彼特传》①一书的作者托马斯·麦克劳所说："熊彼特的思想是如此强大，以至于我们今天关于资本主义的认识，绝大部分都是源自熊彼特的伟大洞见。"

然而，三大学说却难以以精确的数学模型来模拟和演算，因此始终未能成为经济增长理论的主流思想。

从本书所倡导的创造性研究范式来重新考察经济增长和发展理论，我们立刻就能明白，上述三大学说之所以最具启发力，是因为它们正是从不同角度抓住了人类创造力推动经济增长的本质。熊彼特的创新学说生动阐释了企业家这个特殊群体的特殊创造力；钱德勒的现代公司学说抓住了现代公司的独特创造力，尽管他没有明确从这个角度进行系统分析；斯密的分工学说则从一般意义上描述了人类创造性的必然结果，那就是独特性、分工的深化和细化、比较优势。

新古典增长理论的魅力和不足

从总量生产函数和技术进步视角来分析经济增长和经济发展的所有模型通常被统称为新古典增长理论。其实我一直深感困惑：经济学者动不动就说的"新古典理论"或"新古典模型"，究竟是什么意思呢？内生增长理论代表人物保罗·罗默也说自己的模型是"新古典模型"。吾之愚见，所谓"新古典主义"算是代表一个分析或观察世界的角度，或者就是一种分析方法的概括性说法。新古典经济学主要的观察和分析工具就是边际、替代、均衡、效用函数、生产函数、效用和利润最大化，核心还是供求分析和成

---

① 该书简体中文版 2015 年由中信出版集团出版。——编者注

本理念。

因此，今日主流经济学，即新古典经济学，皆是新古典主义经济学。英年早逝的天才学者杨小凯先生提出自己的"新兴古典经济学"，对新古典经济学某些最基本的假设提出质疑和修正，试图从一个新的视角或窗口来观察和分析经济现象，是一项重要成就。杨小凯的经济增长理论追随斯密和扬的"分工理论"并弘扬光大之。

以技术进步为视角的新古典经济增长理论有许多著名而重要的理论模型，如罗伯特·索罗 1956 年的模型，罗伯特·卢卡斯 1988 年的人力资本模型，保罗·罗默 1990 年的内生增长模型，菲利普·阿吉翁和彼得·豪伊特 1992 年的内生增长理论模型（二人的模型试图将熊彼特的创新和企业家精神模型化）。

概而言之，新古典经济学增长模型的基本方法就是利用效用函数和生产函数，根据效用最大化和利润最大化，在给定技术约束条件下，以求取最优增长路径和均衡增长路径。模型的基本变量是资本存量及其变化率、外生的人口总量及其变化率、人均消费的时间路径（时间流）。最优增长路径的基本条件就是消费品和资本品的边际价值或价格相等。

新古典增长理论模型所有的基本假设与新古典经济学的基准模型——阿罗–德布鲁模型——完全一致，包括具有凸性的技术和消费偏好、没有任何外部性、所有交易都是事先完成、消费者和企业对未来价格有完美的理性预期。一切都是事先决定好的，完美理性预期就意味着全知全能。因此这个模型就是一个典型的阿罗–德布鲁意义上的竞争均衡模型。显然，这个模型与现实的经济增长没有任何相似之处。

从这个意义上说，新古典经济学的分析范式实际上并没有发展出真正的动态经济增长或经济发展理论。所有模型演算出来的都是一个静态结果，或者迈向均衡增长路径和最优增长路径的各种限制条件。

实际上，新古典经济学无法推演出经济体系的内生增长和发展动力，因为这个模型从本质上消除了一切变化的可能性。依照新古典一般均衡模型的基本假设，所有变化的可能性只能来自外部冲击，新古典经济学者通常将人口增长、资源变化和技术进步都处理为外生变量。学界公认卢卡斯模型和罗默模型已经将技术变化（特别是人力资本和一般意义的技术进步）内生化。这种"内生化"，其实只不过是将人类资本和一般技术变化纳入模型最大化求解的局限条件里而已。经济学者所谈论的"内生"和"外生"的含义，只不过就是变量是否纳入最大化模型及其局限条件之中。

著名的索罗经济增长模型是新古典增长理论的开山之作，其基本结论是经济增长主要（至少 80%）来自技术进步，然而模型本身却无法解释技术进步。索罗之后所发展起来的几代增长理论模型，希望以严格的数学模型来模拟和解释技术进步的机制，这就是今天大行其道的内生增长理论。

内生增长理论（以罗伯特·卢卡斯和保罗·罗默的模型为主要代表）试图将技术进步处理为经济体系的内生变量，试图描述技术进步特别是人力资本积累和一般性技术进步的内在机制。

内生增长理论的许多洞见极具启发性，特别是内生增长模型揭示了一个基本真理：要描述和分析技术进步和人力资本积累的内生过程，就必须放弃新古典一般均衡模型的那些关键假设。譬如保罗·罗默 1990 年的著名文章《内生技术变化》就说："技术作为经济增长的一个投入要素，其基本特征在于：它不是一般物品，亦不是公共物品，它是具有某种非竞争性、部分排他性的物品。正是因为非竞争性物品所有的非凸性性质（nonconvexity），所谓受价竞争模型（price-taking competition）就不适用了。"受价竞争是新古典一般均衡模型的标准假设。

罗伯特·卢卡斯 1988 年的著名文章《论经济发展的机制》试图将人类资本积累纳入索罗–丹尼森经济增长模型，以模拟现实经济发展，解释各国经济增长率和收入水平的巨大差距。论文极具启发性。然而我并不认为卢卡斯的人力资本模型很好地模拟和阐释了人类经济增长的历史过程和现实多样性。卢卡斯亦承认他的模型无法阐释现代经济增长的一个最显著特征，那就是城市对于经济增长的极端重要性。他以很大篇幅讨论简·雅各布斯 1969 年的著作《城市经济》(the Economy of Cities)。

卢卡斯如此写道："正如简·雅各布斯以数百个具体生动的实例所展示和强调的那样，绝大多数经济生活都是一种创造性活动，其创造性与艺术和科学的创造性并无二致。纽约市的服装区、金融区、钻石区、广告区，以及许许多多其他商业和产业区域都是像哥伦比亚大学和纽约大学一样的知识创造中心。当然，商业区和产业区所创造和相互交流的思想和知识，与纯学术中心所创造和交流的思想和知识不同，然而它们创造知识的过程却是完全一样的。对于一个外来旁观者来说，它们看起来就是一模一样：一群人集中到一起从事类似的事情，每个人都不断强化和提升各自的原创性和独特性。"

以上这段话，吾读之甚喜，这才是真正现实的人类经济增长过程。然而，卢卡斯话锋一转，就简单地将如此丰富多彩的人类相互创造过程描述为人力资本外部效应。他说："上述生动案例将说服经济学者承认人力资本外部溢出效应确实存在，甚至承认这是知识增长的一个重要因素。但是，我们却很难从数量上来描述和模拟人力资本的外部性。我想再次强调，雅各布斯的著作极富启发性。她着重强调城市的崛起对经济增长的重要性，正是基于一个基本的事实，那就是从经济意义上来考察城市，城市就像原子核。如果我们的经济增长模型只是假设那些老生常谈的增长要素，城市就肯定会被置之度外。现代生产理论从来没有将城市作为一个整体来考察。"

善哉！这正是科斯对新古典经济学的深刻批判：没有人性的消费者，没有组织的企业，没有市场的交换。我们可以加上一句：没有企业家的经济增长，没有城市的经济发展！

显然，即使是致力以新古典增长模型来模拟和阐释人类经济增长的大师级人物卢卡斯，也承认新古典增长模型无法阐释和模拟经济增长和发展过程中最重要的特征事实——城市和增长中心的崛起。

事实上，基于某种类似物理学"原子式假设"的新古典经济学试图解释人类经济增长，就好像以基本粒子物理学来解释生命的起源和演化一样，根本文不对题。根据新古典经济学的基本假设，消费者就是所谓的效用偏好和效用最大化，企业就是所谓的生产函数和利润最大化，经济增长过程（或任何经济行为）就是所谓的技术局限条件下的效用最大化和利润最大化。这就好比我们试图用基本粒子的相互作用来解释生命的起源和演化一样，注定是走错了道路，是不可能成功的。

演化生物学家、混沌现象研究者斯图尔特·考夫曼撰写著作《重新发现神圣》（*Reinventing the Sacred*），目的就是希望改变源自物理学的"约化论世界观"。所谓约化论世界观，就是将宇宙万物和人间社会的一切现象都简化为基本粒子物理学。正如物理学家、诺贝尔物理学奖得主史蒂文·温伯格所说：解释的箭头永远朝下，即最终永远指向基本的物理学定律。约化论世界观不仅认为所有自然物理现象最终都受基本粒子物理学的基本定律所支配，而且认为生命的起源、生命的演化、物种的变迁亦必然受物理学基本定律的支配，甚至认为人类的情感、心理、宗教、道德、价值等，亦必然要约化为物理学基本定律，譬如有一个观点至今依然很流行，那就是将人的一切行为都归结为基因及其变化，基因及其变化当然最终必然归结为物理学的基本定律。

考夫曼以大量丰富的案例和精彩的分析证明，约化论世界观和方法论根本无法解释无限丰富的生命现象。为了理解生命现象、生物演化、人类文明、价值、文化、道德、宗教等，我们必须从根本上抛弃约化论世界观。

考夫曼说："宇宙的进化、生物圈的进化、人类经济体系的进化、人类文化的进化，以及人类行为的进化，从最深刻的意义上说，皆是永不停息的创造性活动。"创造性活动的基本特征是涌现、突变、惊奇、不确定和不可知，创造性活动或创造性行为根本就不能简化为物理学定律，尽管它并不违背物理学定律。创造性活动或创造性行为自有其内在的规律，这些规律并不能简化为或归结为物理学定律。

本质上说，新古典经济学就是约化论思维在经济学领域的运用。新古典经济学试图将一切复杂、动态、持续演化的人类经济现象约化为"原子式"的行为：消费者就是一个效用函数或效用偏好，生产者就是一个生产函数或利润最大化函数，市场就是一条供给曲线和一条需求曲线，技术进步或人力资本积累就是一个基于效用最大化的选择函数，经济增长就是给定技术约束条件下的效用最大化的结果，经济增长的过程就是所谓的均衡增长路径或最优增长路径；如此等等。

新古典经济学的那些基本理念，诸如供求均衡、效用最大化、利润最大化、最优路径或均衡路径、凸性、完全竞争或受价竞争、规模收益递减等，根本就不能描述和分析现实经济增长的特征事实。现实经济增长的特征事实与新古典经济学的所有假设恰恰完全相反：非均衡、动态、演化、路径依赖或锁定、规模收益递增或指数式增长、垄断或独占、特异性或独创性、增长极或增长中心等。难怪卢卡斯也不得不承认，新古典增长模型根本无法描述和分析像城市经济或商业及产业中心这样的现象，而这些现象恰恰是经济增长最重要的特征事实，这正如物理学基本定律无法描述生命的起源和演化那些极其丰富的特征事实一样。

其实我们根本无须依赖新古典经济学的假设和模型来描述和分析经济增长，正如我们无须依赖物理学基本定律来描述生命的起源和演化一样。生命的起源和演化自有其本身的内在规律，同样，人类经济体系的动态演化也有其自身的规律，这些规律并非新古典经济学所假设的那些规律。

事实上，新古典增长理论的各位大师已经清楚地认识到，如果不突破新古典经济学的一些最基本假设，理论模型就无法描述和分析真实的经济增长现象，哪怕只是试图模拟某些现象都不可能。保罗·罗默的模型就是一个突出的例子。

我以为新古典增长理论文献里，保罗·罗默 1990 年的文章《内生技术变化》最有启发性。罗默模型基于三个基础性假设：其一，技术变化是经济增长的核心；其二，技术进步主要源自人们有意识的研发活动；其三，技术是与其他经济物品具有内在差别的一种特殊物品。根据罗默的分类，技术最基本的特征是其使用上的"非竞争性"（Non-rivalry），亦即创造一项新技术可能成本高昂，然而新技术一旦被创造出来，就能够被反复或无限利用，反复运用的边际成本极低或为零。

罗默的贡献是将三个基本假设完整地内生到增长模型里。与此相对照，其他新古典增长模型只能三者取其一或取其二。譬如，索罗模型将非竞争性技术当作公共物品或投入，卡尔·谢尔（Karl Shell）模型进一步将非竞争性技术看作政府供应的物品；阿罗著名的"干中学"（learning by doing）模型也将非竞争性技术当作公共物品，只不过认为该公共物品是私人活动的外生效应；卢卡斯 1988 年的著名模型同样将非竞争性技术处理为人力资本积累的外部效应，不是人们有意识投资的结果；还有许多模型不承认技术的"非竞争性"特征，亦否定此类技术是推动经济增长的核心力量。

主要麻烦就在于新古典经济学的一个基础假设：凸性假设或一阶齐次性假设。易言之，新古典经济学理论模型的一个基础假设是不能有规模收益递增、不能有垄断或独占、不能有技术的溢出效应，亦即不能有非凸性。达斯古普塔–斯蒂格利茨的数学模型证明：一旦引入非竞争性技术和技术的排他性使用（excludable），亦即一旦引入非凸性，去中心化的均衡（decentralized equilibrium）就不稳定。也就是说，一旦引入非竞争性和排他性技术，新古典经济学所钟爱的完全竞争均衡就不存在。

正是从这个意义上来说，罗默经济模型是一个具有里程碑意义的成果，它突破了新古典经济学的基础假设。这也从另外一个侧面说明，新古典经济学的基础假设不适合描述和分析人类经济增长。为了描述和分析人类经济增长，我们就不得不放弃新古典经济学的基础假设。

罗默模型还敏锐地抓住了人类技术变迁的另外几个重要特征：技术变迁（研发投资的结果）具有不确定性，新科研成果的增长速度取决于人力资本的投入总量和现有科技成果总量。易言之，投入研发的人力资本总量越大，科研成果产出率就越高；现有科研成果总量越大，科研人员的生产率就越高，技术进步速度就越快。假若今天一个科学博士的人力资本与百年前一个科学博士的人力资本相同，但由于百年来人类科技成果总量或存量增长迅猛，今天一个科学博士的科研生产率肯定高于百年前。这与库兹韦尔所说的技术进步"指数增长定律"异曲同工。库兹韦尔从人类技术发展的历史经验归纳出技术进步的指数增长规律，亦是基于科技成果不断累积所导致的规模收益递增：随着科技成果总量的不断积累，同样的人力资本和要素投入将产生加倍的或加速度的新技术发现或发明。

罗默模型还有一些重要含义，有助于我们理解经济增长的历史过程，理解各个国家和地区千差万别的经济增长速度。譬如，罗默模型证明：如果科技存量低于某个临界值，经济增长根本就不可能出现。这个含义能够帮助我们解释这个基本事实，即在人类漫长的历史时期里，持续的经济增长是工业革命之后才开始出现的。罗默模型还说明：人口规模并非经济增长的必要条件，更不是充分条件，因为人力资本和科技存量与人口规模没有直接关系，甚至没有任何关系。该含义还说明，与科技发达国家进行贸易和投资往来是促进经济增长的重要条件。

阐释经济增长的其他视角

除了新古典增长模型的技术进步和创新视角之外，主流经济学者考察人类经济增长和经济发展还有三个重要视角，一是储蓄-投资均衡视角，二是制度变迁视角，三是产业政策和国家战略视角。

从储蓄-投资均衡视角来考察经济增长的根源和路径，源自凯恩斯的宏观经济分析。早期著名的模型主要包括哈诺德-多玛模型和菲尔普斯的"增长黄金路径模型"。这些模型的基本特征都是从储蓄和投资均衡的视角来推演经济增长的最优路径或均衡路径。时至今日，从储蓄-投资均衡或国民收入统计恒等式推导出的总量模型，依然是人们讨论经济增长的重要方法，甚至是主要方法。

所谓"三驾马车分析法"，就是以投资、消费、出口三者对经济增长的贡献度来推测经济增长速度；经济学者利用各种数量型指标，譬如投资率、储蓄率、消费率等，来分析和计量国家的经济结构和增长源泉，从而提出投资驱动型、出口驱动型、消费驱动型的增长模式和发展方式。

经济学者还利用凯恩斯的总供给-总需求模型来分析宏观政策如何影响

经济增长。总供给和总需求模型从凯恩斯和希克斯经典的IS-LM模型演变而来，再加上GDP（国民生产总值）统计账户分析和比较。这一整套理念和方法，皆拜天才凯恩斯的《就业、利息和货币通论》及其众多门徒的著作所赐。

从凯恩斯宏观经济理念发展出来的一整套从总量角度分析经济增长的思想和方法，构成当今世界以GDP为核心理念的经济增长政策哲学。无论是讨论储蓄、投资、出口的增速和结构，还是讨论技术进步和创新驱动，抑或讨论产业升级换代，终极目的都是要促进GDP增长，实际上形成一种现代"GDP拜物教"。各国经济实力之对比以GDP总量为依归，各国经济政策优劣对比以GDP增速为依归，各国人民生活水平乃至幸福程度之比较以人均GDP为依归，各国所应担负之国际义务（譬如国际援助和碳排放）以GDP总量为依归，各国在国际组织中之权利份额比例以GDP总量为依归。

然而我们必须明白，这一整套思想方法并没有真正揭示人类经济增长的本质。围绕GDP的各种统计及分析既不准确，亦不全面，很多时候误导严重。严肃的经济学者都同意，其一，GDP核算方法无法衡量经济增长的质量，尤其是产品和服务的质量。低技术含量产品、高能耗和高污染产品、假冒伪劣商品和山寨产品的销售同样计算到GDP之中。众所周知，产品和服务的质量决定了人们生活的质量。其二，GDP核算方法不能计算GDP的能耗和污染，很多经济学者致力设计和核算绿色GDP的方法，虽有重要发现，但至今还没有形成公认的指标体系。其三，GDP总量估算方法根本无法阐释经济增长的动态过程，它估算的只是一个结果变量。

历来都有大师级经济学者反对凯恩斯学派的总量分析方法，如张五常所推崇的宾纳、科斯、阿尔钦以及张五常本人，然而凯恩斯学派的宏观经济模型及其经济增长分析早已深入人心，以此理论为基石的经济学教科书风行世界。

从制度变迁视角考察经济增长，是新制度经济学的主要贡献之一。新制度经济学的著名格言是"制度重要"（Institutions Matter）。张五常从交易费用和合约结构转变的角度推测和解释中国的制度变迁和经济奇迹，成就辉煌，精彩纷呈；道格拉斯·诺斯从制度变迁角度追溯西方世界兴起之谜，获得诺贝尔奖。从经济制度变迁的视角看经济增长，创新、技术进步、GDP增长、储蓄和投资、总需求和总供给皆是制度变革的结果。制度变迁视角的深入讨论必然将宗教文化、历史传统、社会心理等多种因素包括进来。此处不展开讨论。

从产业政策和国家战略视角来阐释经济增长，其理论基础是比较优势原理。早期的贸易理论和经济发展理论皆是从比较优势原理演变而来。当代经济学者林毅夫的新结构经济学试图从比较优势或后发优势、产业政策、国家战略视角来解释中国的经济增长。

新经济学范式如何理解经济增长

任何经济增长理论都不可能包罗万象。一个好的经济增长理论就在于它能够描述和分析经济增长的特征事实或关键事实。罗伯特·卢卡斯在他1990年的经典论文《经济发展的机制》里说："经济增长所衡量的是一个社会全部活动的整体效果。某种程度上，经济增长必然取决于社会生活的每一个方面或每一件事情。我们很容易观察到不同的社会具有显著不同的特征，我们也能够很容易地识别出不同社会所具有的各种经济和文化的特殊性，并设想正是这些特殊性才是经济增长的关键或秘诀。如果从这个意义上说，正如雅各布斯 1984 年所说，我们不需要经济理论来理解经济增长，富有洞察力的旅游者就能够理解。经济理论的作用不是去罗列那些显而易见的社会特征，而是帮助我们从数量上寻找或识别出那些决定性因素，剔除那些次要的或毫不相关的因素。索罗和丹尼森研究美国经济增长和其他发达国家经济增长的模型已经给我们提供了示范，说明这是可以做到的。在我们的心目中，如果能够实现这一目标，一个经济发展理论就是一个成功的理论。"①

我赞同卢卡斯的基本方法论。也就是说，一个好的经济增长或发展理论，首先就是要阐释和分析经济增长的关键特征或事实。

从面向未来的创造性范式来理解人类经济增长，最需要解释的是六个最重要的特征事实。

其一，人类经济增长和技术进步历史过程的不可预测性。

其二，各国和地区经济增长速度和收入水平惊人的差异性。

其三，技术、产业、产品的独特性和特异性，以及这种独特性和特异性的无限可能性。

其四，公司为什么成为推动经济增长的主要组织力量？从经济增长和技术进步角度看，公司这种经济组织的本质究竟是什么？

其五，企业家和创新精神为什么是经济增长和技术进步的绝对主角？企业家的特殊能力究竟是什么？

其六，为什么经济增长不是一个均匀或均衡的过程，而是一个不均衡或具有极大差异性的过程，为什么会有各种各样的"增长极"、"增长中心"、垄断和独占？易言之，为什么规模收益递增、路径依赖和锁定是经济增长

---

① 参见 Landmark Papers in Economic Growth, Selected by Robert M. Solow, Published by Edward Elgar Publishing Limited., 157.

过程的常态？

上述六个特征事实里，新古典增长理论主要致力讨论第二个特征事实，即各国经济增长速度和收入水平的巨大差异性。其他特征事实均未涉及或没有深入讨论。

此处主要讨论第一个和第三个特征事实。第四个和第六个特征事实的讨论参见《新经济学》第四卷；第五个特征事实的讨论参见《新经济学》第五卷。实际上，整个《新经济学》都是致力于理解或解释人类经济增长的动力之源。

人类经济增长和技术进步最明显，可能也是最重要的特征事实是经济增长和技术演变历史过程的不可预测性，即没有科学真理所具有的那种逻辑必然性或可重复性。

有谁预测到第一次、第二次、第三次工业革命的发生呢？有谁预测到第一次工业革命会发生在英国呢？有谁预测到哥伦布地理大发现所引发的全球化浪潮呢？有谁预测到美国建国后只用了百年时间就成为世界最重要工业国和第一大经济体呢？有谁预测到德意志帝国会在 1871 年统一并迅速成为世界工业强国呢？有谁预测到闭关锁国长达 260 多年的日本竟然会一夜之间实施明治维新，并且迅猛崛起成为亚洲和世界经济强国呢？有谁能够预测 1978 年中国实行改革开放，推动中国在 40 年时间里从一个贫穷的国家一跃成为世界第二大经济体？有谁预测到 19 世纪后期，现代大公司会成为推动经济增长的关键力量？有谁预测到信息技术时代和人工智能时代的来临？有谁预测到西门子、通用电气、标准石油、丰田、索尼、英特尔、苹果、微软、谷歌、华为等无数顶级公司崛起并重塑整个世界的产业格局呢？又有谁预测到卡内基、摩根、洛克菲勒、福特、乔布斯、盖茨、任正非等顶级企业家的崛起呢？

当然，有经济学者立刻会说：这些不是经济学研究的对象，顶多算是经济史研究的课题，根本就不是经济理论所应该关注的话题。假若我们将所谓经济学局限于构造数学模型来试图模拟人类行为和经济现象，那么我们所需要模拟的人类经济现象究竟是一些什么现象呢？上述那些现象不正是人类经济活动最重要的现象吗？进一步说，经济学的目标不是希望发现人类经济行为和经济体系的演变规律吗？上述那些重要现象难道不是人类经济规律最重要和最具体的体现吗？经济学理论不正是应该去解释这些重大的历史现象吗？

毫无疑问，已经有大量的经济学文献试图解释上述现象。道格拉斯·诺斯从产权制度变迁的角度来阐释西方世界的兴起，并因此荣获诺贝尔经济学奖。新古典增长模型同样试图模拟人类经济增长的历史过程。卢卡斯和罗默的文章对此有清楚的说明。

然而，就理解人类经济历史尤其是经济增长历史过程而言，面向未来的创造性范式和新古典经济学范式有一个重要区别。新古典经济学范式试图寻找到经济增长过程的因果关系，亦即寻找到类似物理学或自然科学规律那样的经济历史规律或经济增长规律。易言之，新古典经济学所秉持的是一种真正的"科学"思维范式。所谓科学思维范式，就是要寻找到现象之间的因果关系或逻辑必然性。逻辑必然性最典型的特征就是数学逻辑的必然性，由此出发，新古典经济学形成了几个根深蒂固的理念或信念：其一，解释经济现象就意味着预测经济现象。能解释就是能预测，解释就等于预测。其二，经济理论的最高形式就是数学模型，其余皆等而下之。其三，凡是无法纳入数学模型的因素或力量皆被排除到理论模型之外，或者被认为是不重要的因素或力量。其四，由此则必然忽视宗教、文化、历史、个体独特性对经济现象的决定性力量，始终致力将一切经济现象"约化"

或"简化"为个人效用最大化和企业利润最大化行为。

面向未来的创造性范式则从如下几个视角来理解人类经济增长：其一，人类经济的演化和经济增长过程不仅仅具有某种程度的逻辑必然性或科学必然性，它更多体现为一种历史必然性或辩证的必然性。其二，对于理解人类经济尤其是经济增长而言，深刻研究历史的重要性一点不亚于数学模型的重要性，历史能够教给我们的真理可能比数学模型教给我们的要多。其三，面向未来的创造性是推动科技进步和经济增长的关键力量，效用最大化和利润最大化并非主导力量。其四，研究经济增长，要研究宗教、历史、文化、教育、社会心理等对一个国家和民族创造性的影响，更重要的是研究独特的个人、独特的企业、独特的地区或国家为什么具有独特的经济增长历程，尤其是要着力研究伟大企业和企业家的独特作用。因此，对于理解人类经济演化特别是经济增长历程，经济史的研究要比数学模型重要得多。

新古典经济学完全专注于研究人类经济之因果关系或科学规律，是受了逻辑实证论的影响。实际上现代实证科学方法论就是源自逻辑实证论。逻辑实证论只承认一种真理，那就是科学真理，不承认科学真理之外还有其他真理。这其实是一种很狭隘的世界观和认识论。

《新经济学》的一个基本主题就是阐明人类经济行为并不等同于物理现象，科学真理或因果关系只能阐述或解释人类经济行为的某些局部现象，不可能描述和解释人类经济行为的全部，尤其不能阐释人类经济体系里那些最重要的现象和历史过程。因为那些最重要的人类经济历史现象或历史过程是人类创造性的诗篇或生命的诗篇，是人类创造性不断彰显的动态过程，它既没有精确的因果关系，亦不可能有科学规律那样的普遍性和重复性。历史不可能重演，不可能复制。没有人能够按照新古典经济学所揭示的那些所谓规律去重演或复制某个经济过程。

局限于因果关系或科学规律，实际上大大局限了经济学的解释力和作为一门学问的魅力，以及作为一门人类知识的张力和穿透力。即使你把索罗、阿罗、卢卡斯、罗默那些精彩的模型研究得滚瓜烂熟，得心应手，甚至自己可以随意构造模型，你对人类经济增长历程的认识可能也远远比不上一段精彩的历史故事。譬如对于马克斯·韦伯在《新教伦理与资本主义精神》中对资本主义兴起的解释，新古典经济学者肯定会说那是随意的、非科学的，但是谁也无法否认这种基于宗教文化精神和伦理的解释具有深刻的洞察力和历史穿透力，谁又能说从韦伯著作那里得到的关于人类经济增长的启迪少于从新古典模型那里得到的启发呢？像钱德勒的《看得见的手》与肯尼斯·霍博和威廉·霍博兄弟的《清教徒的礼物》这样的著作，对我们理解美国经济的历史演变的重要性远远超过任何新古典模型。

因此，新古典经济学范式只注重数学模型的重要性，不仅将一门学问引入歧途，而且极大地限制了经济学的解释力和洞察力。很多新古典传统训练出来的学者对历史不甚了了，仅凭那些数学模型推导出来的结论来批判甚至指导国家的经济政策，这不仅非常荒唐，而且非常危险。

《新经济学》所倡导的面向未来的创造性范式，试图从一个更广阔的视角来分析和阐释人类经济。

《重新发现神圣》（*Reinventing the Sacred*）一书的作者、演化生物学家和混沌理论研究者斯图尔特·考夫曼（Stuart A. Kauffman）从技术演化的角度阐释经济体系的演化，认为演化和适应过程是经济体系动态变化的本质特征，演化和适应则是完全不可预测的。

考夫曼说："与生物圈一样，经济生态圈是一个自我协调、自我构造的整体，始终处于进化之中。旧的谋生方式不断消亡，新的谋生方式不断涌现，规模或大或小，却总是不断翻新。正因为经济生态圈的新陈代谢就是生物圈的预适应过程，所以我希望说服读者相信，我们根本无法预测经济生态圈的进化过程。虽然不可预测，经济生态圈的进化和预适应却总能够让经济生态圈保持一个整体。从更广泛的意义说，我们人类文明也是如此，文明本身就是一个自我协调、自我构造、持续进化的预适应过程。未来的全球性文明亦是如此，每个人的自我创造相互适应与协调，全球性文明很可能就从这种自我进化和预适应过程里涌现出来。"[1]

经济增长的第二个主要特征事实是不断发现和创造出资源的多样性用途，从而创造出无限多样性的新产业、新产品和新服务。多样性和独特性的不断丰富，正是经济增长的本质特征。

石油是最经典的例子之一。1858 年人类首次发现石油，初期用途只是燃灯照明。汽车的发明为石油开启了无限广阔的应用前景，紧接着是客船、货船、军舰、航母、飞机和数之不尽的燃油驱动的机器设备，成为驱动整个人类经济的动力之源。杜邦公司发明尼龙，开启了现代石油化工和重化工工业，彻底改变了人类的生活面貌，衣食住行无不依赖石油的供应（从尼龙到化肥到日用塑料），石油摇身一变成为整个人类经济体系最重要的"粮食"，成为人类文明最重要的战略资源。以《奖赏：石油、金钱与权力全球大博弈》[2]一书获得普利策奖而享誉世界的丹尼尔·耶金将人类 20 世纪之后的时代称为"碳化氢时代"，将 20 世纪之后的人类称为"碳化氢人"。石油从一种黑乎乎的不知有何用途的"废物"，迅猛转变为左右全球经济、金融、政治和军事格局的"超级商品"，石油的演变历程以其撼人心魄的精

---

[1] Stuart A. Kauffman, Reinventing the Sacred: A New View of Science, Reason, and Religion, published by Basic Books, 2008, p.151.

[2] 该书简体中文版 2016 年由中信出版集团出版。——编者注

彩故事，演绎和见证了人类经济增长的内在本质，那就是无限多样性和独特性的交相辉映。我们今天仍然难以预料未来科学家将会挖掘出石油什么样的新用途，但毫无疑问，新的应用将层出不穷。

比石油的故事还要精彩百倍非"硅"莫属了。是的，硅是小小寰球上平淡无奇的一种物质，地球上 70% 的物质由硅构成。亿万年来，无处不在的硅静静地躺在地球的怀抱里，从来没有想到有一天会"乌鸦变凤凰"。1947 年 12 月 23 日，三位天才物理学家肖克利、布拉顿和巴丁完成了 20 世纪乃至整个人类历史上最重要的发明之一——晶体管。晶体管的发明开启了人类迄今依然方兴未艾、热闹非凡的信息技术时代，晶体管的主要材料就是那平淡无奇的硅。

被很多人誉为信息技术时代最伟大公司的英特尔就是以设计和制造以晶体管为元器件的集成电路起家，沿着举世闻名的"摩尔定律"所预言的技术进步之路，英特尔将芯片技术提升到超乎常人想象的高妙之境，"硅谷"因此闻名世界。没有以硅为基础材料的芯片，就没有个人计算机，就没有互联网，就没有智能手机，就没有机器人和人工智能，就没有智能制造和智慧城市，就没有人们不断憧憬的智能生活，就没有今天人们所谈论的几乎一切！今天我们每个人的日常生活没有一刻能够离开芯片和那平淡无奇的"硅"。人的无限创造力和想象力赋予小小硅片无限的生命力和无限的可能性，这就是人类经济增长最核心的本质。据说英特尔的设计和制造水平已经逼近"摩尔定律"所能想象的极限，未来信息时代的"大脑"是否要由其他材料来取代"硅片"，成为科技界的一个重要话题。

人的无限创造力能够将地球上最平淡无奇的"硅"转化为推动人类进步最强大的动力，这无可辩驳地说明经济增长的原动力并非丰富的自然资源，而是人的无限创造性和想象力。纵观世界，有许多自然资源非常丰富的国家和地区，却始终没有出现经济腾飞和持续增长的奇迹；相反，许多很发达的国家和地区，自然资源却极度贫乏，譬如欧洲诸国尤其是瑞士、荷兰、芬兰、挪威、英国等，譬如亚洲的日本等，皆是自然资源极端匮乏的国家，却凭借人的无限创造力创造出惊人的经济奇迹。

最特殊的当属中东小国以色列。当年美国文豪马克·吐温访问那片土地，曾经写下这样的文字："一个荒无人烟、凄凉惨淡的国土。一片寂静孤冷、令人悲伤的天空。"

然而，以色列人凭借他们惊人的智慧和毅力，将凄凉惨淡的沙漠改造成为繁花似锦的农庄，他们在沙漠里种植世界上最美丽最名贵的鲜花、各种优质的蔬菜，养殖海产品，出口世界各地；他们始终坚持科技立国、教育立国的基本理念，科技创新水平达到全球最前沿。以色列在高科技农业、海水淡化、生物医药、信息安全等领域领先世界，创造了令人叹为观止的现代经济增长奇迹，人均GDP进入发达国家行列，而这一切却发生在马克·吐温所哀叹的"荒无人烟的国土上"。日本和亚洲"四小龙"的故事尽人皆知。它们无不证明一个最基本的真理，那就是人的无限创造性才是经济增长的原动力，激发和保障人的无限创造性才是推动经济增长最可靠的、唯一正确的途径。

第三部分

新经济学范式的制度经济学

第一章

新制度经济学：新古典传统的辉煌成就

施蒂格勒是芝加哥经济学派的大宗师，他不仅学术思想广博湛深，而且文笔美妙幽默。1985 年施蒂格勒出版回忆录，书名就别出心裁：*Memoirs of an Unregulated Economist*[1]，该书是我读过的最生动的经济学者回忆录。然而，施蒂格勒天马行空一般的回忆录里浓墨重彩描述的学术大事并不是他自己的研究工作，而是关于"科斯定律"的发现过程。施蒂格勒将科斯定律的发现称为整个 20 世纪经济学最重大的成就，堪与 2000 年前阿基米德发现浮力原理相媲美！芝加哥大学另一位著名的经济学者哈里·约翰逊则说："又一个英国人（科斯）发现了新大陆！"

科斯定律就是新制度经济学的精华。依吾之愚见，新制度经济学是 20 世纪中后期新古典经济学最重要、最伟大的成就。新制度经济学发现了伟大的真理，揭示了伟大的规律，完全改变了人类对经济制度的认识。新制度经济学推动了包括中国在内的世界很多国家的私有化和市场化改革。从这个意义上说，新制度经济学改变了人类历史的进程，为人类造福良多。

有经济学者将新制度经济学的精髓概括为四个字：制度重要。新制度经济学的各个分支——产权经济学、交易费用经济学、法律经济学、合约经济学、不对称信息经济学——有一个共同的基本结论，那就是制度安排对人类经济增长具有决定性。

并不专注新制度经济学研究的经济学者同样肯定制度安排的极端重要性。譬如货币理论大师米尔顿·弗里德曼风靡全球的畅销书《资本主义与自由》（*Capitalism and Freedom*）就着力阐述了一个基本观点：经济自由必定要求政治自由，政治自由才能保障经济自由和经济繁荣。

从深层次角度考察，经济学就是研究经济制度的学问。经济学最主要

---

[1] 该书简体中文版《施蒂格勒自传：一个自由主义经济学家的自由》2016 年由机械工业出版社出版。——编者注

的几个研究领域是市场、公司、政府、货币。所谓微观经济学就是市场理论、价格理论和公司理论，所谓宏观经济学就是货币理论。有关政府的多重研究则横跨微观经济学（如税收理论）和宏观经济学（如财政政策）。市场是制度，公司是制度，货币是制度，政府当然也是制度。

科斯始终从制度角度观察市场和公司，所以他一眼就看出新古典经济学的市场理论（将市场看作一个消费函数或效用函数）和公司理论（将公司看作一个生产函数）之不足。他始终认为考察真实的市场机制和公司结构（产业结构）才是经济学的正途。

芝加哥经济学派早期代表人物雅各布·维纳认为，斯密的《国富论》最重要的贡献是发现了"经济秩序或经济制度之谜"。看不见的手与看得见的手的区分就是制度安排之区分。李嘉图致力研究经济体系的分配制度，马克思则深入探索资本主义经济制度的演化规律。马歇尔的《经济学原理》问世后，供求均衡价格机制成为经济学研究的主角，内在的制度安排退居幕后，成为新古典经济学的背景或影子。直到1924年奈特的《风险、不确定性和利润》和1937年科斯的《企业的本质》问世，特别是科斯1960年的著名论文《社会成本问题》横空出世，人们对经济制度的研究才重开生面，大放异彩。

新制度经济学兴起之前的制度研究通常被称为"旧制度经济学"。新制度经济学的奠基人科斯对旧制度经济学的批评颇为尖锐。科斯说："旧制度经济学的代表人物约翰·洛克斯·康芒斯、韦斯利·克莱尔·米切尔等皆是充满大智慧的人物，然而，他们的制度经济学却是反理论的。他们留给后人的仅仅是一堆毫无理论价值的实际材料，很少有什么东西能被继承下来。"①科斯说旧制度经济学的那一堆材料若不经由理论来整理，就只好"一把火烧掉"。话虽如此，旧制度经济学的开拓者实际上已经深入讨论了诸如交易费用和财产权等重要概念，其价值亦不容完全漠视。科斯等人事实上亦深受康芒斯等人的影响。

旧制度经济学还有一个重要分支，名曰比较经济制度分析。多数比较制度分析论著讲述的是一种颇为无聊的分类学，没有触及制度的本质。好比货币理论里比较固定汇率和浮动汇率孰优孰劣的那些著述一样，亦是一种无聊的分类学。

那么，新制度经济学究竟新在哪里呢？依照张五常教授的深入阐释，新制度经济学之新，就是将"交易费用"概念变成一个可以操作，亦即可以据此推出可被事实验证或证伪的假说的工具。因此，新制度经济学亦称交易费用范式。科斯、德姆塞茨、威廉姆森、张五常等人将交易费用的概念纳入新古典经济学的分析范畴和逻辑框架，将边际分析、均衡、局限条件下最大化等新古典经济学的中心概念全面运用到制度变迁或改进的分析之中，这成为新制度经济学和旧制度经济学的分水岭。

易言之，新制度经济学之所以"新"，就是以交易费用或制度费用为核心概念，依照新古典经济学的分析方法推出可以被事实验证的假说。新制度经济学的逻辑起点则是大名鼎鼎的"科斯定律"。科斯定律是芝加哥经济学派领袖人物施蒂格勒提出的术语，言简意赅，成为经济学重要的基准定律或等价定律。该定律表达如下：假若交易费用或制度费用为零，则制度安排或权利安排与经济体系的效率或帕累托最优效率无关。因此，新制度经济学亦可称为新古典范畴下的制度经济学，秉承的是新古典精神。

---

① R.H.Coase, The Firm, the Market, and the Law, The University of Chicago Press, 1988.

新制度经济学有几个重要分支。产权经济学以科斯和阿尔钦为主要代表；交易费用经济学以科斯、张五常和威廉姆森为主要代表；合约经济学以张五常为主要代表；公司治理结构理论以霍姆斯特姆和哈特为主要代表；法律经济学以科斯和波斯纳为主要代表；新制度史学，即用新制度经济学的基本理论分析经济史，则以诺斯和福格尔为主要代表；不对称信息经济学以阿克洛夫、斯蒂格利茨和斯宾塞为主要代表。这些代表人物多数都获得过诺贝尔经济学奖，可见新制度经济学是20世纪后期经济学最重要的发展。

概而言之，新制度经济学有如下重要的基本结论：

第一，制度重要。制度具有决定性。

第二，科斯定律是新制度经济学的中流砥柱。

第三，交易费用或制度费用决定制度的选择或制度的变迁。

依照张五常的精彩阐释，科斯定律有三个版本。其一，只要交易费用为零，无论如何界定权利，资源配置或使用效率皆相同；其二，只要交易费用为零，无论如何界定权利，资源配置或使用总能达到帕累托最优；其三，权利界定是市场交易必要的先决条件。前两个版本显然是同义反复，最具启发意义的是第三个版本。

第二章

人心的创造性和人类制度的演化

新制度经济学秉承的是新古典精神，分析方法则是实证经济学方法，即以推导出可被验证的理论假说为己任，不对制度优劣做价值判断，尽管绝大多数新制度经济学者皆主张私有产权制度是最优的经济制度（至少从促进经济增长角度看是如此）。

然而，从大历史角度考察人类经济制度和政治制度的演变历史，有许多重要的制度问题需要我们回答。其一，人类政治经济制度之演化究竟有没有一个确定的统一的规律？其二，不同时代、不同国家所建立的不同的政治经济制度之间最本质的区别究竟在哪里？其三，我们能否寻求或设计一个让所有人或哪怕绝大多数人都满意的政治经济制度？易言之，我们能否寻求或设计一个理想的政治经济制度？

上述问题恐怕是所有经济学者乃至所有深入思考人类命运之人潜意识里都会想到的问题，亦是无法回避的问题。事实上，许多古典经济学者或多或少、或明或暗地试图回答上述问题。譬如，斯密《国富论》的宏伟理想就是发现人类经济制度或经济体系内在的、堪与牛顿物理学定律相媲美的"自然规律"。斯密之后的古典经济学者的基本追求就是如何设计一个经济制度，以实现"最大多数人的最大利益"。秉承新古典精神和实证经济学方法论的新古典经济学虽然不再关注如何实现"最大多数人的最大利益"的制度设计问题，却依然试图设计出理想的经济制度和经济机制，以便实现资源配置的最优化和资源使用的最高效率。譬如，信息经济学的一个主要课题就是如何设计经济激励机制，以便解决"如何让人不偷懒，如何让人不说谎"之基本问题。博弈论和激励机制设计理论所关注的课题亦与经济制度密切相关，即那些非常具体的、具有实际操作性的机制设计问题。

关于第一个问题，人类政治经济制度的演化究竟有没有一个统一的明确的规律？古往今来的大思想家都试图给出答案，他们也确实提出了许多极富创见的答案。2000 多年前，华夏圣哲孔子修《春秋》，阐扬微言大义，其中就设想了人类政治制度演化的三个主要阶段：据乱世、升平世、太平世。据乱世就是少数人统治多数人，政权更迭依靠暴力，遵从"成王败寇"之法则；升平世就是以多数民意为依据组成政府，政权更迭遵从全民选举、少数服从多数的民主原则；太平世则是"人人皆是目的""乾道变化，各正性命""首出庶物，天下咸宁"，亦即不再需要政府，而是人人皆能遵从普遍的道德法则，人人皆能自我约束和自我管理，人类迈向真正的无政府状态。孔子当然不可能用现代术语来描述"三世学说"，不过《春秋》中确实包含这样的构想，相信人类必然从据乱世演化到升平世，从升平世演化到太平世。马克思关于人类社会发展历史演变的五阶段理论——原始社会、封建社会、资本主义社会、社会主义社会、共产主义社会——至今依然为许多人所坚信。

美国政治学家弗朗西斯·福山曾经出版《历史的终结与最后的人》，认为美国式的民主制度就是人类政治制度（其实也包括经济制度）的最后模式。尽管福山后来修改了他的观点，不再坚持所谓"历史的终结"，但是一般意义上的民主制度是不是人类政治制度演化的最后阶段，依然是值得思考的大问题。哲学家牟宗三先生的著作《历史哲学》一书深入讨论了中国政治制度之演化，他认为人类政治制度不可能有太多变化，民主制度可能就是最后的形态了。当然，民主制度本身可以有很多不同的组织形式。

关于第二个问题，不同时代、不同国家所建立的不同的政治经济制度，它们之间本质的区别究竟在哪里？历久以来，政治学者、历史学者、经济学者试图以各种指标来衡量和评判制度的优劣，诸如经济增长速度、财富积累规模、收入公平和社会正义、社会稳定和长治久安、教育科技发达程度和社会文明程度等。亦有人认为制度没有优劣之分，各有擅长。此类问题是 19 世纪后期亚洲各国尤其是中国和日本社会争论的关键大问题。譬如，以福泽谕吉为代表的日本明治维新思想家明确认为欧美各项制度比亚洲各国制度优越，所以明治维新时期日本的基本国策就是"脱亚入欧"，即全面学习和借鉴欧美政治经济制度。以张之洞和李鸿章为代表的中国社会精英则认为"吾中华帝国样样优于西人，独火器不如"，坚信中国政治经济制度比欧美制度优越，主张"中学为体，西学为用"。实际上，此类争论至今依然萦绕在许多人的思想深处，时不时以各种方式表现出来。

吾今日从人心内在的道德（精神）创造性角度来考察人类经济制度的本质，提出制度的创造性或创造性制度之概念，亦即人类一切政治经济制度确有优劣之分。制度优劣之分的关键，在于政治经济制度是否能够最大限度地激发、激励、保障每个人的无限创造性或创造力。此意深远至极，我在《新经济学》第四卷还要深入讨论。

关于第三个问题：人类究竟能否设计或造就一个理想的政治经济制度？理想的政治经济制度又有什么意义？若从人心内在的创造性角度回答了第二个问题，则第三个问题的答案就甚为显明。

古往今来一切伟大的思想家和政治家期望实现的最高目标之一，就是为人类寻求一个美好的或理想的社会，而社会的基石当然就是经济制度和政治制度。经济制度和政治制度是一对孪生子，论经济制度无法不涉及政治制度，论政治制度无法不涉及经济制度。此处所论，当以经济制度为主。

中国自古以来就有"三代之治"的理想。法国思想家卢梭梦想人类回到古代的"黄金时代"，他心目中的黄金时代就是一个理想的社会状态。法国空想社会主义思想家和马克思心目中理想的制度就是"共产主义社会"。康德亦曾经撰文讨论人类的永久和平与"人人皆是目的"的理想社会。本部分第八章试图从哲理上讨论理想的人类经济制度究竟需要满足哪些条件。

第三章

私有产权和市场制度为何成为主流的经济制度

人类经济制度是一个始终动态演化的复杂体系。广义而言，制度涵盖人类一切典章文物。本书并不从如此广义角度讨论人类制度的演化规律，而是集中讨论人类经济制度的演化规律。人类经济制度的核心是产权制度及其相关的法律法规等制度规范（譬如税收和财政体制等）。

自有人类历史以来，人类经济制度本质上只有三种安排：共有产权、公有产权和私有产权。实际上，有史以来人类政治制度本质上也只有三种：古希腊-罗马式的共和制；皇权大一统的专制制度；现代民选共和制或民主制度。现实中的具体制度安排非常复杂，譬如，任何时代任何国家，共有、公有、私有产权往往同时存在，主流的制度安排则看每种产权制度成分所占的比重。每一种政治制度亦有多样变化，以现代民主制度为例，英国、美国、欧洲大陆、日本和其他国家的民主制度具体安排有很多差异。

当代人类的主流经济制度是以私有产权为内核或本质的资本主义制度。人类始终在尝试不同的经济制度。远的不说，自从工业革命以来，人类就尝试了多种经济制度安排。概而言之，则是以私有产权为内核的资本主义经济制度和以公有产权为内核的社会主义经济制度。

根据经济史学家的研究，现代资本主义经济制度诞生之前，欧洲人均收入需要 630 年的漫长时间才能实现倍增。现代资本主义经济制度兴起之后，人均收入倍增平均只需要 50~60 年。到 20 世纪末，美国平均每 40 年实现倍增，日本实现收入倍增平均则只需要 25 年。[①]现代资本主义经济制度的伟大批评家马克思在《共产党宣言》里指出，资本主义经济制度所创造的"庞大和广泛的生产能力超越以往一切时代所创造的总和"。

资本主义经济制度为什么能够创造比以往一切时代都要强大的生产力，

---

① 参见 Thomas K. McCraw, *Creating Modern Capitalism: How Entrepreneurs, Companies, and Countries Triumphed in Three Industrial Revolutions*, Harvard University Press, 1997. p.1.

能够创造比以往一切时代财富总和还要庞大的财富？从激励生产力增长和财富创造角度看，为什么人类至今还没有找到比资本主义经济制度更好的经济制度？这是经济学者争论长达数百年且必将继续争论下去的重要问题。

为什么资本主义经济制度能够创造比以往任何时代都要庞大的生产力和财富？新古典经济学的人性自私假设本身就是一个重要的答案。人性如此，别无选择。唯有保障私产方能促进人人追求效用最大化和利润最大化，从而推动资源实现最优配置。

然而，人性自私假设算不上一个逻辑严谨的理论。论证以私有产权为核心的资本主义经济制度是促进经济增长的最佳制度，我认为最具启发力的答案有三个，我将这三个答案概括为三个基本定律：

其一是斯密-科斯定律。斯密《国富论》的基本主题是分工促进经济增长，分工的前提则是市场交换。斯密敏锐地认识到，分工的深化取决于市场的规模。后世经济学者将斯密的两个开创性论断概括为斯密定律。阿林·扬、杨小凯、施蒂格勒等人继承和发扬了斯密"市场交换促进劳动分工、劳动分工推动经济增长"的伟大主题。

科斯 1959 年的著名论文《联邦通讯委员会》与 1960 年的著名论文《社会成本问题》珠联璧合，皆为新制度经济学的开山经典。《联邦通讯委员会》一文里有一句著名的话："清楚的权利界定是市场交换的前提条件。"张五常对此文推崇备至，认为那石破天惊的科斯定律就只是这一句话。

将科斯的名言"清楚的权利界定是市场交换的前提条件"（科斯定律）和斯密的两大著名论断结合起来，就完整回答了为什么以私有产权为核心的资本主义经济制度是促进经济增长最有效的制度。综合起来，吾名之曰"斯密-科斯定律"。

其二是张五常弘扬光大的"租值消散定律"。租值消散的基本思想早已有之，然而，直到张五常20世纪70年代的多篇经典文章问世（最重要的是1974年的《价格管制理论》和《合约的结构和非排他性资源理论》），租值消散定律才真正成为一个科学定律。①张五常以精彩绝伦的实证案例分析，雄辩地证明了在所有权利制度安排里，私有产权制度是资源租值消散最小的制度安排。简言之，租值消散定律的含义是：只要权利清楚界定，资源使用必定迈向租值消散最小的方向。其他一切制度安排的租值消散皆大于私有产权下的租值消散。是故，私有产权制度是促进资源最优配置或使用的经济制度，亦即最能促进经济增长的经济制度。

其三是熊彼特以卓越天才和毕生研究所致力阐扬的"创新和企业家精神"，亦可称之为熊彼特定律。熊彼特以博大精深的历史和理论研究，无可辩驳地说明，创新和企业家精神是资本主义经济制度的核心动力和增长源泉，创造性毁灭则是资本主义经济体系动态演化的主旋律。唯有妥善保障个人权利和自由，才能激发出企业家的无限创造性和创新活力，私有产权则是个人基本权利和意志自由的根本保障。消灭私有产权必将消灭个人其他权利和意志自由，沦为集中计划经济和集权式控制的经济制度，人们潜在的创新和企业家精神必定被彻底消灭。

熊彼特从创新和企业家精神的角度证明私有产权的极端重要性，其著作《资本主义、社会主义与民主》表面上似乎说资本主义和社会主义各有擅长，实际上熊彼特是正话反说。他的基本主题是证明以消灭私有产权、市场竞争、创新和企业家精神为基本特征的所谓社会主义经济制度，从本质上是行不通的。

上述三个重要答案，最具吸引力的当然是熊彼特的答案。21世纪以来，

---

① 张五常英语论文选[M].香港：花千树出版有限公司，2005：.453–478,169–200.

全球几乎所有国家的领导人、企业家和经济学者都一致认为，唯有创新才是推动经济增长、提升人民生活水平的不二法门。人们普遍认识到，创新才是人类经济活动内在的推动力，创新是人类经济活动交响曲的主旋律，这正是现代资本主义经济制度的伟大研究者和批评家熊彼特毕生研究的主题。熊彼特以深邃的历史研究，为资本主义经济制度总结出几个核心的关键词：创新、创造性毁灭、企业家精神、动态演化、周期性波动或危机。

我们今天从面向未来的无限创造性角度来考察人类经济行为和经济制度，正是深受熊彼特的智慧启发。

然而，资本主义经济制度并非一个完善或完美的经济制度。尽管马克思盛赞资本主义经济制度所创造的巨大生产力和惊人财富，但其学术思想的深远影响力却主要来自他对资本主义经济制度"罪恶"一面的深刻剖析。马克思为人类经济制度提出的解决之道总结起来就是一句话：消灭私有制或消灭资本主义制度，随之消灭的当然还有市场机制和货币金融。

深受马克思影响的熊彼特，学术思想的起点与马克思恰好相反。与马克思一样，熊彼特对资本主义经济制度的分析同样基于系统深刻的历史研究。熊彼特深刻理解了资本主义经济制度创造史无前例巨大财富的密码：创新和创造性毁灭的伟大活剧，他同样从正面看待资本主义经济制度内在的周期性波动或危机，即危机是资本主义内在动态机制的必然结果，亦是创造性毁灭、企业家精神、信用创造等相互作用的必然结果。

熊彼特还用大量历史事实为资本主义经济制度的收入差距和贫富悬殊辩护，他认为，多数人的贫穷并不是因为少数人的富裕，相反，唯有资本主义经济制度下的那些"特殊人种"亦即企业家的冒险和首创精神，才能创造新的企业、新的产业、新的财富、新的就业，从而让所有人的生活水平得到提升。

然而，即使如此，熊彼特同样对资本主义经济制度满怀复杂情感。他厌恶商业活动的庸俗或势利，向往"旧时代"丰富的人文氛围和艺术成就；他知道唯有创造性毁灭才能创造财富、推动增长，但同时它也会毁灭我们内心深处所珍视的人类价值；他知道贫穷必然导致灾难和不幸，也深知繁荣和富裕难以帮助我们找到内心的和平和安宁。

尤为重要的是，熊彼特深知资本主义经济制度不仅没有什么机制确保财富为人人所共享，反而有许多制度或机制完全是"劫贫济富"。即使是那些既得利益者亦承认资本主义经济制度有许多令人难以忍受的"罪恶特征"，譬如股神巴菲特就曾经坦承：那些低收入工薪阶层老老实实缴税，我们这些巨富却有许多途径逃税、避税或拒不缴税！熊彼特在他那部畅销不衰的著作《资本主义、社会主义与民主》里，有一句意味深长的叹息："无论如何，股票交易所永远也不是圣杯的替代品！"

与熊彼特同年出生的另一位资本主义经济制度的伟大思想者凯恩斯，对资本主义经济制度怀有同样复杂的情感。凯恩斯对资本主义经济制度本身的演化前景深表忧虑，根据他的理论分析，资本主义经济制度必然走向衰退、停滞（熊彼特认为是凯恩斯先有这种悲观的世界观，然后才有《就业、利息和货币通论》的理论分析）。《通论》里那些核心概念，诸如消费倾向递减、流动性偏好、资本边际效率下降等，都代表了资本主义经济制度走向衰退和停滞的内在力量。

最令凯恩斯深感忧虑的是，他认为资本主义经济制度有两个自身无法解决的天生顽疾：失业和贫富差距。这些悲观的论断或世界观正是凯恩斯力主政府干预的核心理由。与熊彼特以及许多"旧时代"出生的高级知识分子一样，凯恩斯对资本主义经济制度的世俗气息和铜臭味深感厌恶，所以他预言或者相信人类终有一日会彻底解决经济问题，从而让所有人都能够从庸俗的物质利欲里解脱出来，专心从事哲学与艺术创造和享受。凯恩斯甚至给出了英国实现这个目标的具体年份，那就是2030年!

因此，自从现代资本主义经济制度诞生以来，人们对它的批评和谴责就从来没有停止过，消灭资本主义制度的努力亦从来没有停止过。从19世纪到20世纪再到21世纪，世界各国有许多伟大的人文思想家，从英国的卡莱尔、美国的爱默生，到中国的辜鸿铭和法国的萨特，等等，无不相信资本主义制度的降临是人类文明的堕落和人文价值的丧失。

然而，批评归批评，谴责归谴责，资本主义经济制度却以它创造物质财富的巨大威力征服了全人类。人们谴责、谩骂资本主义经济制度，却又离不开它。这就是人类自身内在的根本矛盾，或者说，这就是人类自身的宿命。

当然，我们必须认真面对资本主义经济制度内生的各种矛盾和问题，特别是日益恶化的收入差距和贫富悬殊。21世纪以来，这些问题和矛盾愈演愈烈，甚至呈现"革命即将爆发"的态势。21世纪迅猛兴起的颜色革命、反全球化浪潮和反建制派政治潮流，根源正是各国日益恶化的收入差距、贫富悬殊、经济停滞和严重失业等问题。

第四章

清教徒信仰和现代资本主义的兴起

人类经济和政治制度的划时代变革，必定源自人类思想和信仰的划时代变革。人类思想和信仰的划时代变革，正是来自人心的创造性觉醒。

马克斯·韦伯的著作《新教伦理与资本主义精神》之所以历久弥新，总是能够引发思想者的浓厚兴趣和深刻思考，正是因为它所讨论的问题是人类文明演化的一个永恒主题，那就是思想和信仰的创造性觉醒必然引爆政治和经济制度的变革。反之，欲成就政治和经济制度的划时代变革，首先必须引爆人类思想理念和信仰的划时代变革。这正是从人心的无限创造性视角来考察人类经济和政治制度的动态演化。

新教伦理和资本主义政治经济制度之间的关系，本身就是一个非常吸引人的重大学术问题。新教精神或新教伦理与资本主义政治经济制度的兴起孰先孰后？是先有新教伦理后有资本主义制度，还是先有资本主义制度后有新教伦理？资本主义政治经济制度的精神源泉或价值源泉究竟来自哪里？

此类问题有趣而重要，过去100多年来，参与研究辩论的重要思想家数之不尽，以马克思、沃纳·宋巴特、韦伯、理查德·H.托尼、奈特等人最为著名。

马克思的历史唯物主义主张先有经济基础后有上层建筑，经济基础决定上层建筑，即资本主义经济形态产生之后，才有宗教改革运动，随后诞生新教精神和伦理。韦伯则反马克思之道而行，主张宗教改革运动或新教精神和伦理首先兴起，为一种新的经济制度，即资本主义经济制度，提供精神力量或伦理价值资源。宋巴特则认为二者关系纷繁复杂，难以用单边逻辑解释。托尼和奈特等人亦各有见解。

然则韦伯那本小册子《新教伦理与资本主义精神》何以独树一帜、历久弥新，百年来始终为学界所重视且津津乐道？此诚为一有趣之学术现象。

一个基本的解释是，尽管所有人都知道或同意任何重大的历史现象皆是多种原因共同作用的结果，然而人们从心理上依然愿意相信某个原因是最重要的力量或是最重要的原因。对重大历史现象任何四平八稳或面面俱到的解释当然不可能错（当然也不可能完全对），然而人们依然愿意相信任何重大历史现象背后都有一个独一无二的秘密！

韦伯《新教伦理与资本主义精神》一书历久弥新，与其说是他找到了资本主义政治经济制度兴起的真正原因，倒不如说是他的解释满足了人们对重大历史现象背后隐藏着"独一无二的秘密"的渴望或好奇心！

没有谁能够否认，像资本主义制度或资本主义文明（对两个术语的定义就存在多种歧义）兴起这样重大的历史现象，必定是多重力量汇聚共生、相互作用、长期演化的结果。历史现象其实并没有某种"独一无二的秘密"，任何历史现象都是各种复杂力量非线性动态演化的结果，经济现象尤其如此，这也是《新经济学》致力阐述的一个基本主题。

单就资本主义制度在西欧的兴起，我们能够列举出许多具有深刻说服力的重大原因。譬如，黑死病造成人均财富或人均资本的大幅提高；文艺复兴解放了人的思想和世俗欲望；欧洲城堡国家之间长年累月为了生存而展开的残酷竞争，譬如 14 世纪的威尼斯、热那亚、佛罗伦萨、汉堡等城市国家之间的竞争刺激出各种经济金融政策的创新；城市国家特殊的税收制度刺激出各种鼓励贸易和商业的优惠政策及金融货币创新；哥伦布、麦哲伦等人的地理大发现引发海外殖民浪潮和掠夺金银财富的疯狂冒险；美洲白银大规模流入西欧，导致物价飞涨、产业结构和经济结构以及社会阶层发生重大变革，并最终引爆深层次的制度调整和变革；白银大规模流入欧洲之后，频繁爆发的通货膨胀、汇率危机和金融危机迫使人们实施经济制度的全面改革；马基雅维利等政治思想家的创新思想激发和开启了现代意义上的政治制度变革和民族国家的兴起；等等。上述每一个重大历史事件或现象皆与资本主义制度的兴起有着错综复杂的联系，皆能够被看作资本主义制度兴起背后的"秘密"。事实上，上述每一个现象与西欧资本主义制度兴起之间的关系，早就成为许多学术研究的主题。

尽管如此，韦伯的学说依然值得高度重视。韦伯首先从一个重大历史现象入手。这个重大历史现象是什么呢？那就是在那些各种宗教并存的国家里（如欧洲和美国），清教徒竟然在所有重要领域占绝对多数，从商业领袖、金融大佬、高级技术工人，到受过良好技术教育和商业训练的普通员工，清教徒均占绝对多数！

易言之，清教徒在获得或拥有资本、管理企业和贸易、获得高技术等级工种等方面具有绝对优势，人数占绝对多数。这当然是一个极其有趣和重要的经济历史现象。韦伯 100 多年以前观察到的这个重要现象，至今依然具有意义。如果今天我们对全世界的商业领袖和金融大鳄做个统计，那么清教徒或者像特朗普和班农所说的拥有"犹太–基督价值观"的人群占有多大比例呢？这难道不是一个重要和有趣的问题吗？韦伯的论文就是为了解释这个现象。

韦伯还观察到一个与此相关的重要现象，那就是在最虔诚的基督徒里面，最杰出的清教徒代表人物或精神领袖人物，超高比例来自商业领域，尤其是许多最著名的和最狂热的虔信派教徒均来自商业领域。与此同时，最典型的资本主义企业理念和经营方式，与最狂热的宗教信仰和热忱极多紧密地融合于同一个人或同一群人身上。

韦伯写作他的著名论文之时，不知是否详细研究过洛克菲勒。毫无疑问，洛克菲勒是最高级的经商天才和最狂热、最热忱的新教信仰最紧密融合之最高典范，以至于美国著名作家荣·切尔诺称韦伯的《新教伦理与资本主义精神》一书就是一部"洛克菲勒的精神发展史"！经商才华和宗教热忱的完美融合，在加尔文派的清教徒身上表现得最为突出和最为纯粹。

韦伯特别提到法国新教中的胡格诺教派。在胡格诺教派中，僧侣和企业家所占比例出奇得高，贸易商人和高级工匠也非常多。西班牙人很早就注意到，"异教徒（意即荷兰的加尔文派教徒）大大促进了贸易的增长"。重农学派经济学开山大师之一威廉·配第认为，荷兰资本主义的发展主要归功于清教徒。哥赛因认为，"加尔文派清教徒流浪者正是资本主义经济的温床"。法国和荷兰资本主义经济的兴起完全得力于清教徒，奥地利甚至直接引进清教徒工匠或艺人。由此可知，新教信仰的传播和欧洲各国资本主义经济的兴起确实有异常紧密的关系。

众所周知，清教徒有许多派别，最主要的派别是路德派和加尔文派。韦伯观察到，加尔文派清教徒最能体现他所说的"资本主义精神"，加尔文派新教徒最积极地推动资本主义经济的发展和兴盛。欧洲、非洲、美洲的加尔文派新教徒皆如此。加尔文派清教徒又分为胡格诺派、门诺派、贵格会派、虔信派等。

英国伟大诗人济慈亦观察到，加尔文派清教徒和经商才能具有最紧密联系。贵格会派和虔信派是英国和北美资本主义经济发展的中坚力量，胡格诺派和门诺派则是德国和荷兰资本主义经济发展的中坚力量。门诺派教徒对产业和商业的发展如此重要，以至普鲁士国王弗里德里克·威廉一世容忍门诺派教徒传播信仰，尽管门诺派教徒坚决拒绝服兵役。虔信派教徒身上同样强烈地体现了狂热宗教信仰和企业管理才能的完美结合。

实际上，现代社会所谓的进步理念正是清教信仰创造出来的。人类之前没有什么进步和现代化的理念。清教徒坚信，坚韧不拔地努力工作就能够创造人间天堂。韦伯认为，社会进步的观念是晚期清教徒才发展出来的理念或信念。早期的清教创始人和思想家如路德、加尔文、诺克斯、弗埃特等皆没有社会进步的观念，直到孟德斯鸠才观察到"英国人在三个方面的进步走到了所有人的最前列：信仰的虔诚、商业的发达和政治的自由"。韦伯相信，英国人（当然主要是指英国清教徒）在商业上取得的超越地位、在政治上提出的自由制度，与虔诚的清教信仰密不可分，甚至前两者应该完全归功于后者。

既然如此，那么究竟什么是"资本主义精神"呢？韦伯以很长篇幅讨论了资本主义精神，那是《新教伦理与资本主义精神》一书里面最精彩的部分。

所谓精神，首先它是无法精确定义的，只可意会不可言传。当代经济学者讨论经济制度，主要分析产权制度安排、合约选择、公司治理结构、相关法律法规等，这些极为重要的制度内涵"看得见，摸得着"，而制度的"精神、思想或灵魂"则"看不见，摸不着"。韦伯开宗明义地说"资本主义精神"无从定义，它不能凭空从我们的思维里创造出来，只能根据历史事实进行综合和总结，我们只能从历史事实层层递进的解剖中，逐渐明白"资本主义精神"究竟有什么内涵。易言之，我们不能用逻辑概念来定义资本主义精神，只能用历史事实来描述资本主义精神。

韦伯的论文没有深入阐释这个问题，其实他已经触及经济学的一个基本方法论问题。诸如精神、思想、文化、情感、品味、境界等，我们都知道它们深刻地影响甚至决定了每个人的行为，然而，坚守实证经济学方法论的经济学者却拒绝将上述因素纳入制度分析之中，因为实证科学方法论要求研究对象"看得见，摸得着"，最好能够被度量。当韦伯试图解释资本主义经济制度的精神起源时，他立刻就遇到了这个基本的方法论问题。

韦伯采取历史描述的方法。他引用本杰明·费迪南的财富或金钱宣言书，首先说明资本主义精神从表面上看起来就是一种赤裸裸的金钱哲学或金钱信仰，"时间就是金钱"，"信用就是金钱"，"钱能生钱"，"奢侈无度和无所事事是金钱的最大敌人"。韦伯引用富兰克林的自传，进一步说明资本主义精神并非单纯是拼命赚钱的动机和技巧，而是一种基本的伦理和生活方式。这种伦理态度和生活方式就是："不遗余力地赚越来越多的钱，同时严格约束或禁止世俗或当下的生活享受。此种伦理精神没有丝毫的幸福或享乐思想掺杂其中。赚钱本身成为目的，成为纯粹的目的。尽可能赚越来越多的钱成为人生的终极目的，它不再是一个附属手段，不再是满足个人物质享受的附属手段，它本身就是终极目的。"

这难道不奇怪吗？从个人幸福角度或人生哲学角度来看，将赚钱当作"人生的纯粹和终极目的的"不是非常荒谬或极端非理性吗？然而，韦伯肯定地说："将人们惯常以为自然的因果关系完全颠倒过来，从一个天真的视角看，确实是如此非理性，然而，这恰恰就是资本主义精神的首要原则，对于所有在非资本主义文化精神影响下生活的人，这种伦理精神真是格格不入。"不仅如此，这种伦理精神还被提升到宗教"天职或召唤"的角度，正如富兰克林所完美体现的一样："赚钱本身成为一种美德，成为完美响应神圣召唤的具体体现，只要赚钱合法。"韦伯认为，"将赚钱上升到一个人应尽义务或天职的高度，这种奇特的思想正是资本主义文化精神和社会伦理最典型的特征，是资本主义文化精神和社会伦理的基石"。

同样是赚钱，拼命地赚钱，资本主义精神主导的赚钱与其他经济制度下的赚钱到底有什么区别？韦伯用相当大的篇幅说明，毫无廉耻和贪婪无度的金钱追求与资本主义精神恰恰相反，甚至格格不入。他甚至宣称，被绝对毫无廉耻的自私自利和贪婪无度的赚钱欲望所主宰的国家，其显著特征之一就是资本阶级–资本主义经济形态普遍欠发达。

他对比了意大利和德国。意大利是被绝对贪婪的自私自利所主导的国家，德国则是由资本主义精神主导的国家。奉行绝对自由放任观念的劳动者不能成为资本主义经济制度的劳动者，奉行绝对贪婪自私的商人不能成为资本主义制度的商人。极度的贪婪和自私的历史与人本身的历史一样古老，它们以千变万化的形式展现出来：血腥的海盗、残酷的殖民掠夺、毫不留情的欺诈、赤裸裸的战争抢劫和分赃，如此等等毫无廉耻的财富掠夺和极端自私，与资本主义精神正好相反，而恰恰与所谓的传统主义或传统理念紧密相连。

与资本主义精神一样，传统主义或传统理念也是无法定义的。韦伯亦是采取历史描述方法，先是描述传统劳动力市场的运作。他以计件工资制为例，传统主义观念里的劳动者并不因为单位计件工资的增加而增加劳动量，单位计件工资的增加反而会降低实际工作量，因为劳动者并不以工资或效用最大化为目标（现代经济学的假设），而是只在意获得他所习惯的工资。这看起来似乎是非常奇怪或非理性的行为（依照现代经济学家的看法，的确是非理性）。

然而，假若我们没有接受现代经济学对人性的假设（工资或劳动力的效用最大化），我们会觉得韦伯所描述的传统主义观念才是正常的人性。韦伯说："人性并不注定人必然希望尽量赚更多的钱或越来越多的钱，他只想过那种他早已习惯的生活，他只希望赚取足以保证他正常生活的工资。"资本主义经济方式正是要完全颠覆这种传统主义理念，它必须通过增加劳动者的工作强度来提升生产率，以实现利润最大化。

增加工资来刺激更多的劳动投入行不通，那么降低工资是否能够实现这个目的呢？韦伯认为也不行。他的分析与后来大行其道的效率工资理论完全相同。"低工资并不等同于廉价劳动力。""即使纯粹从量的角度来考虑，如果工资水平低于劳动者心理所预期的水平，那么劳动效率将随着工资的降低而下降，长期而言会造成某种不适者生存或劣币驱逐良币的效果。"低工资会降低劳动效率、效果适得其反之现象，在那些需要技术工种、需要昂贵机器的工种、需要劳动者注意力高度集中或需要劳动者发挥创造性的产业或工厂里，表现得尤其明显。

增加工资不能实现利润最大化，降低工资也不能实现利润最大化，那么在什么条件下才能实现利润最大化呢？

韦伯给出颇为奇怪的结论。只有当劳动者摆脱传统主义的束缚，当劳动者将劳动本身看作是目的而不是谋生的手段，当劳动者将劳动本身看作是一种天职或神圣召唤，资本主义生产方式才成为可能。

资本主义生产方式是一种颠覆传统思维、非常奇怪的生产方式，这种生产方式并不以满足参与者的基本需求（资本家和劳动者是参与者）为目的，而是以追求利润最大化为目的，资本主义生产方式就是以理性的精神和方法来追求最大利润，以系统的方法来追求最大利润。为达此目的，资本家或企业家就必须能够以尽可能精准的方法计算和调节生产成本。如果降低工资或提高工资皆不能改变劳动者的工作量、工作强度、技术能力和专注度，那么资本家或企业家就无法依照利润最大化目标来计算和调节成本。依照韦伯的分析，传统劳动者只关注其基本需求的满足，其工作量或工作强度等并不随工资的降低或增加而改变。资本主义生产方式要成为可能，首先是劳动者的思想理念或观念态度必须摆脱传统主义的束缚。韦伯认为，正是宗教伦理（具体说就是新教伦理）改变了人们的工作伦理或工作态度，从而为资本主义生产方式的大行其道扫除了障碍。

韦伯对传统生产方式的描述，充满着田园诗般的淳朴和浪漫："上班时间非常适度，也就 5~6 个小时，有时还要少。繁忙的季节（每年也就一个季节），工作时间稍微长一点。收益也温和适度，足以支持一个体面的生活方式就够了，年景好的时候还可以储蓄一点点。总体而言，竞争者之间的关系相当好，大家对最基本的生意规矩有高度的认同。人们每天都能长时间去酒吧休闲，开怀畅饮，拥有亲密的朋友圈子，生活快乐、舒适、惬意。"

奇怪的是，韦伯认为传统生产方式里的企业组织形态却是资本主义式的组织。"组织形态在每一个方面都是资本主义式的。企业家的活动也具有纯粹商业性质；资本的运用和资本的周转是必不可少的；经济活动过程从客观方面看，从复式会计角度看，都是一种理性的生产方式。"那么，既然如此，为什么这种生产方式还不是资本主义生产方式呢？韦伯说："如果我们透视激励企业家的精神动机，那么上述企业依然是传统生产方式下的商业活动：传统的生活方式，传统的利润率，传统的工作量，传统的劳动关系，传统的客户和吸引客户的方式。所有这些主导着商业或企业行为，它们共同构成了企业家或商人所生存或生活其中的氛围，是企业或商业行为之伦理基石。"

那么传统生产方式怎么就演化为资本主义生产方式了呢？根据韦伯的说法，事情的发生似乎就是那么突然。到了某个时候，传统生产方式那种田园诗般的悠闲自得突然一夜之间被毁灭，而企业组织形态根本没有发生任何变化。相反，所发生的一切，不过就是某个原本属于传统企业经营领域的年轻人，忽然间异军突起，开始快速地改变了一切：劳动雇佣方式、生产管理方式、市场营销方式、盈利计算方式。最重要的是，改变了企业经营目的本身。

简言之，"理性"的经营模式开始成为所有企业经营的主导模式，凡是不遵从理性经营模式的企业家将不得不退出舞台。毫不留情的激烈竞争摧毁了田园诗般的悠闲自在，赚来的钱不再简单放贷出去获得利息，而是持续不断地进行再投资；古老的舒适和惬意生活方式被永不停息的辛勤工作和勤俭克制所取代，那些坚守此原则的企业家跃居到商业领域之巅，那些依然希望固守古老生活方式之人则被迫节制消费，甚至被迫退出商业战场。

如此突变是如何发生的？是资本积累到一定规模的结果吗？马克思在《资本论》中认为，生产形态的演化——从家庭手工业到工场手工业再到机器大工业——与资本积累规模有密切关系，是资本积累的必然结果，资本积累的动机则是资本家追逐剩余价值的无限渴望或动机。

韦伯不同意马克思的观点。他认为："是一种精神，即现代资本主义精神发挥作用。现代资本主义扩张的根本源泉或推动力量不是资本积累的规模或数量。最重要的是资本主义精神的发展。资本主义精神力量所到之处，它为自己开辟道路，创造出资本和货币供应量为自己所用。历史过程就是如此，而不是相反。"

既然如此，传统生产方式怎么被打破、被资本主义生产方式所取代了呢？与熊彼特一样，韦伯同样强调企业家的关键作用。传统生产和经营方式演化为现代资本主义生产和经营方式，起关键作用者正是具有资本主义精神的企业家。

韦伯热情讴歌企业家和企业家精神："具有资本主义精神的企业家登上历史舞台的过程绝非一马平川。他们必须面对怀疑、敌视、仇恨，尤其是道德层面的愤怒。第一个吃螃蟹的人总是要面临滚滚而来的反对浪潮。就我自己所知道的一些案例来说，人们编造了许许多多莫须有的故事来抹黑企业家的历史。我们非常容易忽视一个最重要的事实，即唯有具备非凡而坚强的意志和品格，企业家才不会丧失自我控制的定力，才能克服千难万险，绕过道德和经济上必将遭遇的各种险滩和旋涡。企业家不仅需要高瞻远瞩的清晰洞察力和立即付诸行动的决断力，而且远为重要的是，他必须拥有高度发达的伦理品行和沉稳笃定的个人素养，唯其如此，企业家才能赢得客户和雇员的信赖，而信赖对于企业家获得成功是必不可少的先决条件。唯其如此，企业家才能战胜无穷无尽的困难，跨越无穷无尽的障碍。尤其是，唯其如此，企业家才能迎接无休无止高强度工作的巨大挑战，舍此别无他途。这正是现代企业家所需要的基本素质。然而，现代企业家所需要具备的伦理素质与传统经济形态下商人所需要具备的伦理素质却迥然不同。"

这样的企业家一般而言来自何处呢？他们是如何诞生的呢？韦伯说，那些胆大妄为、毫无道德底线的投机者和冒险家，那些声名煊赫的金融家，都不属于具有资本主义精神的企业家之列。相反，具有资本主义精神的企业家往往是"英雄起于草莽之中"，他们毕业于"充满艰难困苦的生活大学"，他们敢于冒险却又精于计算，他们热情冲动却又诚实可靠，他们精明狡黠却又全心全意，对自己的事业充满信心，忠贞不渝，严格遵守着资产阶级的观念和原则。

韦伯似乎将资本主义的企业家理想化了。确实，他宣称：理想的具有资本主义精神的企业家，不是那些仅仅追求财富并希望以此出人头地、光宗耀祖之人，亦不是那些大庄园主或土地贵族的后人。理想的具有资本主义精神的企业家与那些精致的投机钻营，希望出人头地者没有任何共同之处。相反，他们尽力杜绝一切炫耀式的和不必要的消费，他们绝不以享受自己的财富和权势为乐事，他们甚至因为自己获得社会的称颂和荣耀而感到难堪。他们生活方式的独特之处恰恰就在于他们的自我克制和勤俭节约，正如本杰明·富兰克林始终布道的那样。富兰克林是韦伯论文中反复提到的人物，是清教徒资本主义的精神化身。

易言之，具有资本主义精神的企业家拥有一种谦逊自制的品德，甚至是一种比富兰克林所倡导的还要诚实质朴的谦逊和自制。"他从不为某种个人目的挥霍财富，赚钱本身就是目的。"这听起来匪夷所思甚至荒唐透顶，但恰恰就是韦伯所要致力考察的新教伦理和资本主义精神。

赚钱本身成为目的，赚钱成为人生天职，甚至成为上帝的神圣召唤。资本主义时代之前的人会觉得这种想法是如此奇特、神秘、难以理解、毫无意义甚至令人鄙视。古往今来，有哪个宗教教义和思想流派曾经倡导人类将赚钱作为毕生追求的唯一目标呢？有谁曾经倡导人们带着无数的金钱财富走进坟墓呢？如果真的有这种想法，那么这种想法必然是一种充满铜臭味的异端邪说！

然而，韦伯却坚定地认为此种"异端邪说"恰恰就是现代资本主义精神。资本主义经济体系太需要这种精神了，资本主义企业家需要人们全身心投入赚钱的事业之中，将赚钱看作是上帝的神圣召唤，是人生的天职。这种伦理态度和精神与资本主义生产方式之联系是如此紧密，对资本主义企业家的成功是如此重要，以至此种奇特的伦理精神和态度已经成为资本主义经济体系下竞争取胜的必要条件。

到了当代成熟的资本主义时代，如此伦理精神和态度早已渗透到经济体系的每一个毛孔。它不再是难以理解和奇特怪异的异端邪说，而是被公认的常识性理念，是人们适应资本主义经济竞争的自然结果。社会已经习惯这种伦理精神和态度，人们甚至已经忘记它与宗教还有任何联系，人们反对宗教对经济生活的干预，认为它与政府对经济生活的管制同样毫无道理。凡是不能适应资本主义经济制度和生产方式的人注定要失败，至少是难以兴旺发达。

人类思想和经济制度（生产和生活方式）的演变总是一个辩证的过程。

一种新的思想理念和伦理精神催生出一种新的经济制度（生产和生活方式），一种新的经济制度主导人们的生产和生活方式，反过来就塑造了人们的思想观念和伦理精神。前者看似是精神决定物质，后者看似是物质决定精神，前者是唯心论，后者是唯物论。其实精神与物质、唯心和唯物永远处于一个辩证的动态转化过程之中。资本主义经济制度几百年的演变历史表明，以神圣天职、上帝召唤、勤俭克制为基本特征的新教伦理和资本主义精神催生出资本主义经济制度（生产和生活方式），结果必定会走向其反面，拼命赚钱必然伴随着奢侈无度的物质享乐，勤俭克制让位于炫富斗富。

到 20 世纪初期，美国经济学者索尔斯坦·维布伦以"炫耀性消费"来刻画资本主义经济制度的基本特征，"强盗大亨"成为毫无道德底线的资本家的代名词，以清教精神为立身之本的洛克菲勒甚至被很多美国人看作"恶魔"的化身。人类思想理念和现实制度的演变永远是一个历史的、辩证的过程。

当然，韦伯的任务不是去系统研究思想理念和经济制度的辩证演变历史，他主要致力探索如此奇怪的资本主义伦理精神，尤其是"赚钱成为一种神圣的天职，成为一种神圣召唤"之奇特观念是如何兴起的。纵观历史，在漫长的时代里，即使是欧洲商业和金融最发达的地区——如意大利的佛罗伦萨、威尼斯、热那亚，德国的汉堡，荷兰的阿姆斯特丹——尽管出于政治的需要，天主教教会经常与大金融家和贸易商结盟，天主教会对毫无节制的赚钱活动或动机总是持敌视和怀疑的态度，顶多也只是勉强容忍。任何读过莎士比亚名剧《威尼斯商人》的人，都能够知晓那个时代人们对商人的轻蔑和敌视态度。资本主义伦理精神——"赚钱本身就是目的，赚钱是一种神圣天职，赚钱是上帝的神圣召唤"——与整个时代的伦理精神和感情格格不入。最宽容的教会及宗教人士也只是将赚钱看作是一种生活所必需的工作，决不能容忍将赚钱本身当作最终目的，更别提赚钱是人生的天职和上帝的神圣召唤。当时天主教依然主导多数欧洲地区，即使是欧洲经济最发达的意大利城市国家（譬如14世纪和15世纪整个欧洲的金融中心佛罗伦萨和威尼斯），像富兰克林所象征的清教伦理资本主义精神简直就是不可思议的异端邪说，它们对灵魂的救赎绝对有害。欧洲金融和商业最发达的地区，顶多也只是比较容忍所谓的资本主义精神理念和伦理态度。

韦伯指出一个令人惊异的历史事实，以证明对资本主义精神和伦理起源的唯物主义解释站不住脚。这个历史事实就是：在14世纪和15世纪，整个欧洲乃至世界的金融中心即佛罗伦萨那里，富兰克林所象征的那种资本主义精神理念和伦理态度从未发展起来，而是被普遍认为不合情理、不可思议。

韦伯认为，资本主义经济制度背后如此奇特的文化精神和社会伦理，既不是在资本主义经济制度已经形成之后才产生的（此乃马克思历史唯物主义的观点），亦不是资本主义经济制度继续存在和兴旺发达的前提条件。依照韦伯，现代资本主义经济制度已经成为一个无比复杂和庞大的"宇宙"，生活在其中的个人已经无法改变或逃避它，只能适应它，遵照资本主义经济制度的各种规则以获得生存和发展，违背资本主义经济制度规则的企业家和劳动者必将被淘汰。韦伯对资本主义经济制度创造的"奇迹"的惊叹堪比马克思和恩格斯在《共产党宣言》开篇对资本主义经济制度的著名赞叹。

那么，资本主义经济制度背后的新教精神究竟有哪些奇特之处？它与古往今来人类其他宗教教义或教诲究竟有着怎样的本质区别？

本杰明·富兰克林显著地体现了这种精神。美国历史上有数不尽的清教徒精神的典型代表人物。美国独立战争时重要的领导人之一富兰克林是第一个真正的"美国人"，他是清教精神所孕育和创造出来的美国精神的化身。富兰克林的祖父和外祖父都是17世纪30年代前后为了逃脱英国国王查理一世迫害清教徒而移民到波士顿的，祖父辈和父母辈都是虔诚的清教徒。移民到波士顿并赢得宗教自由之后，富兰克林的先辈们就以最大的热情和最坚韧的努力去追求财富，以赢得经济自由和富裕繁荣。富兰克林在其著名的《穷理查年鉴》一书中写道："勤奋工作和勤俭持家就是获得财富的不二法门，也是坚守道德的不二法门。"

古往今来，人们总是将财富视为罪恶的渊薮，将财富视为与道德格格不入。耶稣著名的警告是：让富人进入天堂比让骆驼穿过针眼还难！基督教对借贷收息的严格禁令长达千年以上，但丁《神曲》里的第八层地狱专为高利贷者准备；伊斯兰教同样反对高利贷；儒家数千年形成了根深蒂固的财富和道德对立的思维传统，"为富不仁"的说法由来已久。

清教精神的本质就是将财富和道德的对立关系颠倒过来，明确宣告财富与道德并不冲突，财富和虔诚的宗教信仰并不冲突。相反，清教徒对罗马天主教会僧侣的古老信仰非常不屑。僧侣们坚信，要想获得神圣，就必须从世俗的经济牵扯中完全脱离出来。清教徒则坚信，勤奋工作和努力致富既是神圣的使命又是世俗的需要。清教徒相信追求物质财富和超物质的神圣信仰并不矛盾和冲突。相反，赚钱是为上帝争光的正确途径。正如公理会传教士克腾·马克在《基督徒的神圣天职》所说："基督徒必须寻找到一个值得终生奉献的职业，唯有如此，他才能通过为他人贡献益处，从而为上帝争光，与此同时，别人亦为他做出贡献。"对那些在世俗事业里做出杰出贡献的人，上帝总是露出慈祥的微笑。正如富兰克林的《穷理查年鉴》所说："天助自助者。"

现代美国的真正起点是马萨诸塞湾区的殖民地，该殖民地由著名的早期殖民者和清教徒约翰·温德罗普创建，早期美国殖民者冒着生命危险，义无反顾地向蛮荒之地进发，生存和发财致富的动机与追求宗教自由的动机同样强烈。马萨诸塞湾区殖民地既是一项特许经营的投资工程，又是温德罗普心目中的"山巅之城"；既是美国物质财富的发祥地，也是美国精神的发祥地。早期清教徒从来没有想到要将宗教信仰的动机与世俗事业的动机区分开来。早期清教徒给美国精神的最重要遗产之一就是清教伦理，其中最重要的教义就是：宗教自由和经济自由密不可分，创办企业就是德行和信仰的体现，财富或金钱事业的成功一点也不会影响灵魂得到救赎。

虽然韦伯的理论并不能完整地解释西欧资本主义经济制度的兴起，但是我们可以说，他的理论很大程度上能够解释资本主义经济制度在美国的勃兴和发扬光大。因为，美国的的确确是一个清教徒建立的国家，一个清教徒移民历经数百年艰辛建立起来的伟大国家。很多人都会相信，美国的伟大来自美国的制度，美国的制度则来自清教精神或信念。正因为此，我们亦值得深入研究韦伯的学说。

《新教伦理与资本主义精神》写道："我们必须注意到一个事实：在富兰克林出生之地（马萨诸塞），在资本主义经济秩序诞生之前，我们所说的资本主义精神早已存在。甚至早在 1632 年，人们就有抱怨，说新英格兰地区弥漫着一种精于计算、追求利润的奇怪氛围，与其他殖民地区格格不入。后来成为美国南部各州的其他早期殖民地，尽管是由大资本家为盈利目的所开辟，与英格兰地区相比，资本主义发达程度却要低得多。新英格兰地区的殖民地则是由传教士和神学院毕业生所创办，小资产阶级、手工艺者和自耕农是主要从业者。追求宗教自由是新英格兰地区殖民地的创办动机。这个案例里，逻辑因果关系与唯物主义观点所设想的因果关系完全颠倒过来。"

韦伯对资本主义经济制度或经营方式的定义或阐释，与当代经济学者对资本主义经济制度的理解相当不同。当代经济学者重点强调私有产权和市场竞争是资本主义经济制度的核心特征，韦伯则重点强调资本主义经济制度或经营方式的"理性特征"。韦伯认为，贪婪的逐利动机或行动绝非资本主义的典型特征，相反，对逐利动机或行动的"理性约束"才是资本主义的典型特征。资本主义的理性特征主要是以"理性的"方式计算资本的盈利能力，并以理性方式运用资本获得最大盈利。韦伯特别强调资产负债表管理。中国历史学家黄仁宇曾经出版《资本主义与廿一世纪》，认为资本主义经济制度的典型特征就是所谓的"数目字管理"。黄仁宇的数目字管理与韦伯的理性精神异曲同工。

依照韦伯的观点，资本主义经济制度是一个"理性"的经济制度。理性究竟是什么意思？韦伯心目中的理性资本主义经济制度由如下结构性制度共同构成：其一是商业或企业与家庭分开（即企业不再是家庭作坊），其二是法律上与个人财产相分离的现代公司制度（即有限责任公司制度和股份公司制度），其三是复试会计记账法或资产负债表管理，其四是资本主义式的自由劳动市场或组织。

韦伯特别强调自由劳动力市场或组织对资本主义经济制度的极端重要性。他认为，如果没有自由劳动者的市场或组织，资本主义经济制度的其他三个"理性特征"，尤其是收入、成本、利润的精确核算，都不可能存在。而且正是因为有了自由劳动者的市场或组织，才有了现代公民的概念，才有了资产阶级的概念，才有了无产阶级的概念。掌管或拥有现代大型企业或公司的企业家与赚取工资的自由劳动者之间的冲突或矛盾（即资产阶级和无产阶级之间的矛盾），是资本主义经济制度的典型特征。这个结论与马克思对资本主义经济制度的剖析异曲同工。马克思和韦伯深入剖析资本主义经济制度的内在结构和本质特征已经过去了 100 多年，今天我们依然可以肯定地说，当代人类经济制度最根本的矛盾还是有产者和无产者之间的矛盾，这个矛盾集中体现为全球性的收入差距和贫富悬殊日益恶化。

因此，韦伯认为，从人类文明或文化通史的角度，甚至从纯粹经济史的角度来考察现代资本主义经济制度的起源，核心问题并不是考察那些具体的资本主义经济活动（譬如为盈利而从事贸易和战争冒险，从事政治和管理活动等），而是考察那个冷静严酷的资产阶级所创造的资本主义是如何起源的，考察此问题必须同时考察自由劳动者市场或组织是如何起源的。具体地说，就是考察现代西方资产阶级及其特殊的性格或精神是如何起源的，资产阶级的起源与自由劳动者的组织或市场密不可分（二者当然不是一回事）。韦伯认为，资产阶级作为一个奇特的新阶级诞生之后，才有了现代资本主义经济制度的诞生。

韦伯的基本逻辑是，他首先将资本主义经济制度看作是整个西欧社会走向理性主义社会的一个重要组成部分。他心目中的理性社会或理性文明包括科学、神学、医学、历史学、法学、音乐、建筑、印刷和现代新闻出版业、政治学和现代公民社会、政府和各种组织的管理等，所有这些，共同构成了整个西欧社会迈向理性时代的滚滚洪流或全景式的时代面貌，经济层面的理性主义则是时代洪流的一个分支，是时代图画里的一种色彩。韦伯认为，上述各个领域的理性主义可能是互为因果的，譬如为了解释艺术、科学、政治、管理领域的理性主义，人们可能会以经济上的理性主义为原因，然而，反方向的逻辑关系同样成立。经济上的理性主义亦可能来自艺术、宗教、科学、政治、管理领域的理性主义。所以韦伯认为所有领域的理性主义应该有一个共同的解释，那就是从人的行为方式或行为动机上去寻找西欧社会整体迈向理性主义的根源。

那么，什么决定人的行为方式或行为动机呢？那就是人们的伦理观念或道德规范（尤其是有关义务和责任的观念）。什么决定人们的伦理规范或道德观念呢？那就是某种神秘的力量和宗教的力量。韦伯将神秘的力量和宗教的力量分开说，探求宗教力量如何影响人们的伦理观念，尤其是如何影响人们从事经济活动的精神氛围，就是韦伯的"宗教社会学"的核心课题，也是《新教伦理与资本主义精神》的中心主题。

究竟是新教信仰创造了资本主义经济制度，还是资本主义经济制度创造了新教信仰？或者一般而言，究竟是经济基础决定上层建筑（意识形态或精神思想），还是上层建筑（意识形态或精神思想）决定经济基础（经济制度或财富积累）？从经验科学的角度或者从寻找历史证据的角度，我们皆可找到支持两个逻辑方向的大量证据。因此，从经验科学角度，我们无法找到人类社会演变的内在规律，所谓经验规律都是不确定的或者只是暂时的普遍性，并不具有永恒的普遍性或绝对的普遍性。唯有超越的理性思维或纯粹理性思维才能洞见绝对真理或绝对的普遍性。从超越的理性思维或纯粹理性思维角度来考察，我们当然完全可以肯定地说，是人的思想或精神决定了世间的一切，是人类心灵独特的超越的创造性创造了一切，世间一切皆是人类精神或心灵的表象或创造物。

人们当然可以问：那么人的思想或精神又来自何处呢？唯物主义或历史唯物主义之所以具有一定的吸引力，就是因为人们很容易相信，人的思想或精神力量不能凭空而起。

然而，就改变人类历史的许多原创性思想而言，我们很难将其归因于某种现实的物质力量。许多伟大思想家或精神启蒙者将自己的灵光一闪归因于"天启""顿悟"或某种神秘的力量。人心或人性内在的创造性如天马行空，难以捉摸。宗教或神秘力量的神奇之处本身就是人类精神的内在动力，它反过来刺激或启发无数人的心灵，唤醒无数人内在的精神动力。

人心内在的创造性觉醒才是划时代制度变迁的内在动力和根本原因。这正是我们从面向未来的无限创造性视角考察人类制度演化需要明确的第一要义。

第五章

清教徒信仰和美国的崛起

世间一切皆是人类精神的创造，即人心内在的道德（精神）创造性和知识（物质）创造性的产物。一切物质文明如此，一切精神文明亦如此。政治经济制度是所有人类精神创造物里最能彰显人类精神本质者，亦即人类精神之化身。任何政治经济制度皆是某种精神或思想或哲学之具象化。是故从大历史角度考察人类经济制度之演化，最佳途径必定是考察人类精神或思想或哲学（政治哲学）之演化。

黑格尔最重要的哲学著作《精神现象学》即是从这个角度来考察整个人类发展历史。黑格尔将全部人类历史理解为人类精神或人类心灵内在发展或演化历程的外在化，即整个人类历史就是人类精神或人类心灵内在原则的具象化或具体的彰显。黑格尔从人类精神或人类心灵内在辩证发展的角度考察人类理性、知识、宗教的发展历程，我们则从人心内在创造性角度考察人类经济行为和经济现象，尤其是大历史角度的经济现象。政治经济制度的演化就是大历史角度的人类精神现象，新古典经济学的边际和均衡分析根本无法把握大历史角度的人类制度演化或变迁。

法国著名考古学家、人类学家和哲学家德日进（Teilhard de Chardin，1881—1955）的思想与黑格尔的精神现象学说有异曲同工之妙。德日进正是从精神的创造力角度来理解和考察人的进化历程。依照德日进的思想，所谓精神，就是整个物质内部所具有的活力，他称之为内能。宇宙间的一切物质的运动或演化，从一开始就按照自己的方式，服从一条伟大的生物复杂化规律，这个生物演化复杂化规律的内在原因或内在动力就是精神或内能。人的意识、精神即人心内在的动力，也就是一切物质演化得以展开的合成能力和组织能力。一旦内在精神或内能启动，宇宙间物质那不可逆转的复杂演化过程就开始了。精神或内能正是宇宙进程的根本动力，生命的本质就是这种精神或内能。正是这种生命内在的精神能量，决定了宇宙或世间一切典章文物的演化方向。

德日进所说的精神能量或内能，正是我们所弘扬的人心内在的道德（精神）创造性和知识（物质）创造性。我们今天正是从道德或精神创造性角度来考察人类政治经济制度的演化或变迁。

美国的政治经济制度的演化或变迁，正是人类精神或心灵的内在创造性转化为具体的政治经济制度和管理制度的典型。具体而言，这种精神或心灵的创造性就是新教精神的创造性觉醒。新教改革是欧洲和世界历史上划时代的大事，同样，美国的建国和迅猛崛起亦是世界历史上划时代的大事。

美国是一个独特的国家，是一个由清教徒理想主义者创建的国家，是一个清教主义理念之国，也是一个清教主义理想之国。这大概是对美国短短数百年历史最简洁的概括了。

直至今日，美国依然是一个非常独特的国家。地缘政治上，她与亚洲相隔浩瀚的太平洋，与欧洲相隔辽阔的大西洋，北边是血脉文化大体相同的加拿大，南部没有任何国家足以构成对美国的挑战。世界上恐怕没有哪个国家拥有美国这样优越的地缘战略位置。经济上，美国是世界第一大经济体，尽管中国的快速崛起正在削弱她的相对实力；金融上，美国是全球最主要储备货币美元的发行国，拥有全球最重要的金融中心，很大程度上支配着全球金融支付和结算体系。文化上，美国是全球主要的文化产品出口大国，美国所宣扬和主张的价值观、意识形态、政治制度对全球许多人具有巨大吸引力。尽管特朗普政府采取了一些背离美国传统价值观的保守或封闭政策，已经产生了一些负面影响，但美国依然是吸引全球优秀人才最多的国家，是全球科技创新中心，拥有全世界最多的一流大学、最好的科技研究机构、最强大的跨国公司。尤其重要的是，美国拥有全球独一无二的颠覆性创新圣地——硅谷。

所有这一切，皆如磁石般吸引着无数研究者。美国如何做到这一切？400 多年前的蛮荒之地，200 多年前建国时人口不足 400 万，几乎没有任何工业，谈不上任何金融，连独立的货币也没有，为什么短短百年时间就超越欧洲诸国，超越世界上所有国家，成为独一无二的超级霸权国家？

美国的崛起绝不是天上掉馅饼，更不是偶然。美国奇迹的背后是美国独特的政治经济制度，政治经济制度背后则是思想理念和精神信仰。对于任何关心人类过去历史和未来命运的人来说，美国的"制度秘密"一直是一个激动人心、扣人心弦的话题。

正如本章开篇所说，美国是新教信仰的产物。我们首先需要分析美国政治经济制度的诞生与新教信仰之间的紧密联系。

霍博兄弟在《清教徒的礼物》里写道："一个半世纪以来，历史学家一直在问一个鸡生蛋还是蛋生鸡的问题：是谁先出现的，清教主义还是资本主义？这个问题至少有四个相互冲突的答案。19 世纪中叶的卡尔·马克思及其合作者兼资助者弗里德里希·恩格斯认为，清教主义是社会经济变化的产物——换句话说，清教主义比资本主义后出现。对比之下，韦伯在《新教伦理与资本主义精神》（1904）及其弟子托尼在《宗教与资本主义的兴起》（1926）中论证说，事实完全相反——清教主义先出现，刺激商业贸易和制造业发生了随后的变化。第三个观点是休·特雷弗–罗珀在一次讲座中提出的，戴尔麦·麦库洛克在权威著作《改革：1490—1700》中重申了这个观点。这两位历史学家都怀疑两者并不存在直接因果关系，但是也都没完全否认两者的联系。后来，罗德尼·斯塔克在《理智的胜利》（*The Victory of Reason*）中论证说，资本主义的出现远远早于新教主义，资本主义起源于中世纪天主教伦理对'理智'的日益关注。"①

然而，霍博兄弟认为，美国的起源和清教信仰之间的关系非常清楚，毋庸置疑。他们明确指出："在美国，它们（指清教主义和资本主义）是同一现象的不同方面。"②

霍博兄弟认为，美国资本主义的本质特征就是清教主义的本质特征。清教徒的精神理念和高远理想催生和激励了17世纪早期清教徒成功地移民美国，催生了美国第一所大学（哈佛大学），催生了美国第一家工厂（清教徒大移民领导者约翰·温思罗普的儿子所创建的工厂），催生了美国第一所以技术为核心的学院（西点军校）以及随后如雨后春笋般勃然兴起的各种理工学院，激励了美国独立战争的爆发和建国理想的诞生，催生了美国独创的现代企业管理模式、企业制度和企业文化。

以上多种力量相互影响和加强，终于导致美国工业革命和管理革命的发生，亦即19世纪后半叶开始的人类第二次工业革命和美国现代管理资本主义的兴起。美国正是由此成为世界最强工业国和最大经济体。它创造出一种人类历史上前所未有的、生机勃勃的、总体上是良性的人类文明社会，即以私有产权、法治社会和市场经济为三大支柱的文明社会，并矢志将这种理想信念推广到全世界。

清教徒精神开启美国传奇

17世纪中期，著名的清教徒温思罗普领导马萨诸塞湾公司所开辟的马萨诸塞湾殖民地，是现代美国的发源地，是现代美国精神的"第一颗种子"。

---

① 肯尼斯·霍博，威廉·霍博.清教徒的礼物[M].丁丹，译.北京：东方出版社，2016：18–19.
② 肯尼斯·霍博，威廉·霍博.清教徒的礼物[M].丁丹，译.北京：东方出版社，2016：19.

紧接着，大量贵格会信徒移民到宾夕法尼亚地区，震教徒和摩门教徒开始向美国中、西、南部进发，开启了清教徒全面"征服"美国大陆的伟大征程。

《清教徒的礼物》中写道："如果有个社会称得上系统，那就是马萨诸塞海湾殖民地。它是根据清教徒的'蓝图'筹划与创建的。它建在一片崭新的空地上，那里以前荒无人烟，所以没人对其建立原则指手画脚。它各方面的设计都服从一个目的：创建新耶路撒冷，即温斯罗普总督所说的'山巅之城'。温斯罗普所带远征队首次定居的地方叫撒冷，这个名字是一个较早到那里的移民取的。随着时间的流逝，严苛的清教观念变温和了，然而整合了加尔文主义工作伦理和节俭习惯的系统方法传遍了全国。它为创建美国管理黄金时代的典型制造公司以及其他性质的公司，甚至其他性质的组织奠定了基础。"①

"传统美国社会，特别是但不只是新英格兰，具有四个紧密相连的特点。这四个特点的渊源可以追溯到马萨诸塞湾殖民地时代，影响着大部分美国公民的价值观。它们分别是：人生目标不管多么模糊，归根到底都是建造人间天国（King of Heaven on Earth）的坚定信念；拥有机械天赋、喜欢亲力亲为的技师精神；把集体利益置于个人利益之上的道德观念；能够根据大大小小的目的协调各种财力、物力和人力的组织能力。所有这些特点都与殖民地的清教主义密切相关。"②

美国历史上最著名的清教徒

为了理解清教徒的宗教信仰和高远理想如何创造出一个完全崭新的国

① 肯尼斯·霍博，威廉·霍博.清教徒的礼物[M].丁丹，译.北京：东方出版社，2016：71.
② 肯尼斯·霍博，威廉·霍博.清教徒的礼物[M].丁丹，译.北京：东方出版社，2016：7.

家，我们先简要列举一下美国历史上那些最具代表性的清教主义者，看看他们对美国历史有着怎样巨大和深远的影响。

约翰·温思罗普（1588—1649）：17世纪著名的清教徒大移民的组织者和领导者，马萨诸塞湾殖民地的创建人、首任总督。堪称现代美国拓荒者的典型代表。

小温思罗普（1606—1676）：温思罗普的儿子，美国第一家工厂的创办人，第一个成为英国皇家学会会员的美国人，担任康涅狄格州州长长达30年，他还是首次观察到木卫五号的人。他身上集中体现了清教徒高度重视科学技术的精神。

本杰明·富兰克林（1706—1790）：美国历史上最著名人物和全能人物之一，美国开国元勋，身兼实业家、发明家、科学家、文学家、出版商、政治家和外交家多种身份，被誉为清教徒精神理念和行为典范的化身。他的《穷理查年鉴》是清教精神理念的宣言书，也是美国有史以来最著名的励志著作之一。

托马斯·杰斐逊（1743—1826）：《独立宣言》起草人，美国开国元勋，政治哲学家、外交家和收藏家，美国第一任国务卿，美国第三任总统。美国历史上最博学的人物之一。

托马斯·潘恩（1737—1809）：《常识》作者，美国独立战争时期最重要的启蒙思想家之一。

罗斯维尔·李上校：马萨诸塞州斯普林菲尔德军工厂厂长（1815—1833），现代美国制造业系统的主要奠基人。

《清教徒的礼物》如此描述这个人："传统的清教观念加上法国技术的影响，打开了美国制造系统的形成之路。美国制造系统在1851年伦敦世博会上让英国公众羡慕不已，在19世纪最后三十几年引发了第二次（或者美国）工业革命。谁是打造美国制造系统的主要功臣？历史学家认为当属陆军军官罗斯维尔·李上校。"[1]

丹尼尔·麦卡勒姆（1815—1878）：至死严格遵守清教教义的极端虔诚的加尔文派教徒。美国纽约-伊铁公司总经理，现代M型公司架构的发明者，开美国现代大公司管理之先河。他开创的M型公司架构和管理原则经由亨利、普尔（美国早期著名的商业期刊编辑之一，也是当今标准普尔评级公司创始人亨利·瓦纳姆·普尔的父亲）的宣传和弘扬，成为后来美国管理革命时代（钱德勒所系统研究的美国管理革命或管理资本主义时代）管理思想的基石，深刻影响了后来的杜邦、通用汽车、通用电气、宝洁、丰田等众多公司的管理哲学和组织架构。

安德鲁·卡内基（1835—1919）：美国著名的钢铁大王、美国现代钢铁业的主要开拓者。他将一条清教信仰带进了钢铁业，这条清教信仰是这样说的："他是所有文明的受托人之一，得到了加尔文的认可和庇护。"

洛克菲勒（1839—1937）：石油大王、世界首富、美国企业和整个资本主义经济历史上最重要的人物之一、人类历史上最著名的慈善家之一。最狂热的贵格会教徒。《洛克菲勒传》的作者荣·切尔诺如此评说洛克菲勒："洛克菲勒的一生如此完美地体现了清教主义的伦理观念，以至马克斯·韦伯的《新教伦理与资本主义精神》一书简直就是提前为洛克菲勒写好的精神发展史。"

弗雷德里克·泰勒（1856—1915）：科学管理的创始人，他提出的科学管理原则对后世管理思想产生深远影响。根据《清教徒的礼物》一书作者霍博兄弟的分析，泰勒的影响总体而言是负面的，尤其是20世纪后期新泰勒

---

[1] 肯尼斯·霍博，威廉·霍博.清教徒的礼物[M].丁丹，译.北京：东方出版社，2016：63.

主义兴起之后，"专家崇拜"泛滥成灾，是造成美国制造业和实体经济逐渐衰落的关键原因。泰勒不是一个典型或模范的清教徒，他身上至多体现了清教徒四个特点中的一个，即第二个：拥有机械天赋、喜欢亲力亲为的技师精神。清教徒的另外三个特点，泰勒身上一点也没有，他并没有充分体现建造人间天国的伟大理想。尽管他是伟大的工厂改革家，却严重缺乏管理人的能力，同时他还是一个极端利己主义者。然而就是这么一个人，却对美国乃至全世界的管理思想和实务产生了深远影响，不能不说是一个奇迹。

皮埃尔·杜邦（1870—1954）：伟大的杜邦家族最著名的成员，美国和世界现代大型制造公司之父，第一家真正意义上的现代企业的创始人。他不仅将杜邦公司从一个家族小企业改造成为现代大型制造企业的典范，而且令濒临破产的通用汽车公司起死回生，将其改造成为世界最大的汽车企业。钱德勒的经典著作《看得见的手》即以杜邦公司为主要研究对象之一。钱德勒和斯蒂芬·索尔兹伯里还合著了《皮埃尔杜邦和现代企业的创建》。顺便说一句，钱德勒本人就是杜邦家族的养子，钱德勒因此获得研究美国现代大型公司起源的第一手材料和真切实感。

《清教徒的礼物》一书作者霍博兄弟认为，皮埃尔·杜邦身上不仅完美体现了清教徒的四个特点，还体现了源自法国的重视技术、尊重技术人员的伟大传统。正因为如此，皮埃尔杜邦开了美国公司设立大型综合性内部研究所的伟大先例。

19世纪末期，杜邦就在公司内部设立集理论研究和应用研究为一体的企业研究所。杜邦公司研究所最著名的成果就是发明合成橡胶和尼龙，这两种产品（尤其是尼龙）改变了全世界化工行业的面貌，深刻地影响了人类生活的许多方面。杜邦公司的内部研究所为众多美国现代企业所效仿，包括通用电气著名的魔法屋以及美国电话电报公司所创立的贝尔实验室。

拉里·佩奇和谢尔盖·布林：谷歌公司创始人。他们为谷歌公司确立的基本理念是"不作恶"。他们深受清教徒理想主义的鼓舞，希望改变世界，让世界变得更好。

人类第二次工业革命为什么发生在美国？

人类第二次工业革命之所以发生在美国，主要源自斯普林菲尔德兵工厂厂长、清教徒罗斯维尔·李的开拓性贡献。斯普林菲尔德兵工厂的开拓性贡献就是发明了"美国制造系统"。所谓美国制造系统，就是制造业实现零部件的完全互换性。只有实现零部件的完全互换性，才能实现真正的流水线和批量生产，现代工业革命（主要源头是制造业革命）才开始出现。艾尔弗雷德·钱德勒《看得见的手》所研究的"美国企业管理革命"肇始于斯普林菲尔德兵工厂。钱德勒对美国企业管理革命或工业革命的定义是大规模生产加大规模营销，起点就是以零部件完全互换为核心的现代制造系统。

第二次工业革命的本质特征就是"美国制造系统"的成功扩展，扩展到几乎所有行业。美国制造系统的核心是零部件的可互换性。

霍博兄弟认为："实现可替换性，对制造业乃至整个人类有三个重要意义。首先，人们可以把生产备用的零部件储存起来，这意味着各地使用的机器不用工匠就能维修。这是个很大的优势，特别是当机器的使用场所与制造场所相隔几千英里之时。其次，这也为后来的'批量生产'打开了大门，而批量生产就是首先制造几千个相同零部件，然后在（也可以不在）正式'流水作业线'上组装成机器或消费品。最后，批量生产为大众市场的创建提供了条件，而大众市场则相应地需要并依赖大规模分销和广告。1880年之后的几十年，美国制造系统蓬勃发展，史称第二次（或者美国）工业革命。^①"

美国工业革命时代有许多著名的发明者和伟大工匠，他们都是信奉科学技术为人类创造美好生活的清教徒。如麦克·克米克和他的收割机，固特异和他发明的橡胶鞋，埃利亚斯·豪和他发明的缝纫机，莫尔斯和他发明的莫尔斯电报码，等等。

早在英国内战（1642—1651）期间，保皇党人曾经轻蔑地称呼清教徒为"乔纳森大哥"。美国独立战争期间，英国军官用"乔纳森大哥"称呼反抗英国统治的美国人，从此清教徒象征着清教文化，而美国制造系统则是清教文化的表现和结果。工业革命的两个著名产品——火车头和蒸汽船——干脆以乔纳森命名。

霍博兄弟说："'乔纳森大哥'火车头问世不过30多年后的1865年，一艘名为'S. S. 乔纳森大哥'的明轮蒸汽机船撞上了旧金山附近的圣乔治礁，200名乘客以及无数金币（这些金币来自当时的加州淘金热）大都沉入水底；大约就是这个时期，乔纳森大哥的原型莫名其妙地从美国公众的意识中消失了。（有人说它被山姆大叔取代了，不过这个说法不可全信；尽管都由同一卡通形象代表，但是山姆大叔指代联邦政府，而非美国平民。）然而，乔纳森象征的清教精神没有与名字一起消亡。它继续在美国存续繁荣了100年，推动了第二次工业革命。今天它在日本、东亚、中国获得重生，推动着第三次工业革命。"^②

美国制造系统和工业革命的发展演变有非常清晰的路径。首先出现的是兵工厂，可互换零配件生产系统首先由兵工厂发明。斯普林菲尔德兵工厂首先实现了部分零配件可互换性，然后就是火车头的改进（乔纳森火车

① 肯尼斯·霍博，威廉·霍博.清教徒的礼物[M].丁丹，译.北京：东方出版社，2016：73.

② 肯尼斯·霍博，威廉·霍博.清教徒的礼物[M].丁丹，译.北京：东方出版社，2016：79–80.

头），紧接着是大型铁路公司的兴起和M型公司组织结构的出现。

铁路公司对美国社会特别是美国制造业有什么影响？答案分两个方面。第一，铁路公司实现了大规模配送。美国制造系统虽然实现了大规模生产，为第二次或美国工业革命提供了条件，但是光有这个条件是不够的，还要有迅速、安全、廉价的配送。第二个条件的满足，得益于铁路运输的发展以及刚刚问世的电报。第二，铁路公司作为美国第一批大公司，为后来的制造业公司提供了榜样。这些制造业大公司还按照产品类别设立了多个分公司，成为后来全球企业组织结构的范本。

美国在1850年之后迅速展开了一系列管理变革，逐渐汇聚、演化、融合、酝酿、创新，最终创造出美国管理的黄金时代（1920—1970年）。

美国管理的黄金时代正是美国经济实力、科技实力、工业能力、综合国力迅猛跃居全球巅峰的时期。管理黄金时代的美国，几乎在所有领域里皆执世界之牛耳，这是世界历史所罕见的。美国先后赢得两次世界大战，随后在20世纪80年代末期赢得与苏联的冷战，根本原因毫无疑问是美国独一无二的科技、经济、金融和军事实力。第二次世界大战结束之时，美国拥有全球黄金储备的90%，工业生产的75%，GDP占全球GDP一半以上，美国科学家几乎垄断了全球顶级科学大奖（譬如诺贝尔奖、图灵奖、菲尔茨奖等）。美国的管理模式和管理思想通过援助和支持欧洲和日本的复兴，迅速传遍全世界。美国管理学家、经济学家和其他几乎所有学者的理论和学说皆为全世界竞相学习或效仿，这也是人类文化思想史上罕见的。美国管理的黄金时代，亦正是美国全面重塑全球经济、金融和产业规则的时代。第一次世界大战的爆发，彻底摧毁了原本已经摇摇欲坠的英镑国际货币和伦敦全球金融中心的地位，战后英国试图求助美国以恢复金本位制，结果一败涂地。美元取代英镑成为最重要的国际储备货币，纽约取代伦敦成为全球最重要的国际金融中心。1944 年的《布雷顿森林协议》，只不过从法律意义上确认了国际经济金融体系早已发生的历史性大变局，为美元登上皇冠之巅正式加冕。《布雷顿森林协议》所确立的美元主导的国际货币体系、世界银行和国际货币基金组织所主导的国际经济金融规则，以及关贸总协定（后来演变为世界贸易组织）所决定的世界贸易规则，构成了美国主导的国际经济金融秩序的三大支柱。人类历史上还没有一个国家如此完整地、全面地主导了全球的经济、金融、政治、外交和军事秩序，尽管当时有以苏联和中国为主的东方社会主义阵营与美国主导的西方资本主义阵营相抗衡，美国的主导地位依然是显而易见和毋庸置疑的。

这一切的基础就是美国制造业、工业和经济的全面崛起，尤其是美国现代制造业大型公司的崛起。美国管理黄金时代由两大相互刺激、相互促进的重大创新所造就。一是铁路、电报、电话、电力、重化工（石油）、钢铁、汽车、飞机、造船、先进军事武器以及重大民用消费科技的突破，它们发端于罗斯维尔·李所领导的马萨诸塞斯普林菲尔德兵工厂，经过乔纳森火车头的技术革新，逐渐实现了机械制造领域的零配件完全互换，零配件完全互换为大规模生产开辟了无限广阔的前景，零配件互换和流水线生产的巅峰标志就是福特的 T 型汽车生产线。二是企业管理结构或制度结构以及管理理念的革命性变化。钱德勒《看得见的手》雄辩地证明，科学技术的突破性创新带来了管理结构的革命性创新，亦即现代管理资本主义的兴起。零配件互换和流水线生产为大规模生产铺平道路，大规模生产必然需要大规模营销，大规模营销则需要铁路运输的大规模普及。大规模生产和大规模营销则必然要求企业组织结构和管理结构突破传统家族小企业的格局，以中层管理为核心创新的新型企业结构和管理结构应运而生。按照钱德勒的精辟分析，管理结构和组织结构创新的本质就是企业内部的管理协调或行政协调替代了市场之手的价格协调机制，组织管理的看得见的手替代了市场的看不见的手。以多部门、多职能、多层级为主要特征的现代大型企业或公司由此诞生。与此同时，大型企业或公司能够创造数十亿乃至数百亿（今天是数千亿）美元的收入，从而能够斥巨资设立企业内部的研究所，从事理论型和应用型研究，从而进一步带动科学技术的突破。科学技术的突破当然有许多不同的源流，甚至有许多科技突破是意想不到的结果。然而，现代大型公司或企业的崛起，极大地推动了科学技术的进展。由此我们看到美国管理黄金时代所展示的一个异常精彩和重要的现象，那就是技术创新和管理创新能够或必然相互刺激、相互促进。制度创新和技术创新的相互刺激和相互促进，实际上就是现代经济增长的主旋律或关键力量。

这一切能够发生的终极根源，就是美国的立国精神：清教主义精神。

第六章

好的或坏的资本主义经济制度

2008 年：人类制度演变的分水岭？

未来历史学家或许会将 2008 年全球金融海啸看作是整个人类历史的一个转折点或分水岭。

2008 年全球金融危机之后，全球经济开始陷入长期衰退、低迷和弱复苏状态，至今也没有实现真正的全球性的强劲复苏。2008 年美国华尔街金融危机引爆全球金融海啸之后，接连发生欧债危机、欧元危机、欧盟危机，伊斯兰极端主义运动如烈火烹油，地缘政治冲突愈演愈烈，新兴市场国家经济全面减速，俄罗斯、巴西、南非等国陷入负增长；然后是英国脱欧，特朗普意外当选美国总统，欧洲快速向右或极右转，反全球化、反自由化乃至反民主、崇尚威权政治之浪潮一浪高过一浪。

人类究竟发生了什么事情？仅仅是个别或具体的经济政策实施不当吗？还是基本的政治经济制度出了大麻烦？

2016 年 11 月美国总统大选结果揭晓，一位名叫唐纳德·特朗普的地产商人出人意料地当选美国总统，立刻引发世界性的轩然大波，人们称之为"特朗普冲击波"。20 世纪美国最有名的政治家和外交家之一基辛格博士称，特朗普当选是"第二次世界大战以来美国和全球政治生态的最大变局"。美国《时代》周刊将特朗普选为 2016 年年度人物，封面醒目标题竟然是"特朗普——美利坚分裂国总统"。英国《经济学家》杂志则直言不讳地称："特朗普当选美国第 45 届总统，标志着 2017 年全球开始进入一个新的却比较黑暗的时代，但愿黑暗时代不会直到永远。"该杂志另一篇文章则说："特朗普当选美国总统，不仅仅是华盛顿白宫的一场革命，不仅仅是美国本土的一场革命，更是全球秩序的一场革命。"

特朗普宣誓就任美国总统以来的多项"震惊世界"的施政举措，确实开启了全球秩序的一场革命：退出TPP；退出全球气候变化巴黎协议；重谈北美自由贸易协议NAFTA；修筑美墨边境防护墙；签署禁穆令，引发国内宪法危机和国际舆论哗然；大幅度改变移民政策，决定遣返大批非法移民；热烈拥抱决定脱欧的英国；冷对欧洲盟国或北约；与美国主流媒体展开大战；容忍甚至为国内开始抬头的种族歧视和迫害辩护；大幅修改"奥巴马医保政策"；实施美国40年以来最大规模的全面减税政策；宣布美国驻以色列大使馆迁往耶路撒冷，引发中东新一轮博弈和乱局；通过《与台湾旅行法》，挑战中国利益底线；高举贸易保护大旗，决定与中国开打贸易战；与朝鲜金正恩会谈，决定未来东北亚局势；修改美国国家安全战略，明确将中国和俄罗斯列为全球战略对手，尤其强调中国是全球秩序的"修正主义者"。

一个重要和有趣的问题是：为什么特朗普能够成功当选美国总统？为什么美国和全世界绝大多数所谓"精英人士"和"精英媒体"都不看好甚至厌恶的一个毫无从政经验的地产商人能够异军突起、入主白宫？这真的只是一个简单的意外或"政治黑天鹅"吗？

如果我们放宽历史的视野，从大历史角度来考察"特朗普现象"以及与此类似的其他全球性现象，那么，我们应该充分认识到，这些现象标志着人类政治经济制度出现重大危机，标志着资本主义政治经济制度出现重大危机。

自20世纪80年代开始，全球整体上全面转向资本主义经济制度，基本特征就是私有产权+市场竞争+全球化。与此同时，人类出现三大浪潮：私有化浪潮、市场化浪潮和全球化浪潮。今天，反全球化成为新的浪潮。特朗普高举"美国优先或美国第一"的大旗，从南美洲的巴西到欧洲的意大利，特朗普式的政治家不断攻城略地，赢得很多国家的执政权。

谁是收入差距和贫富悬殊日益恶化的罪魁祸首?

谁是特朗普的主要支持者?最主要的支持者就是那些经济上尤其是收入和财富上的"失败者"。2016年总统大选期间,特朗普赢得全部美国的中西南部州的选票,这些州构成了所谓的"铁锈地区",中低收入人群占绝大多数,他们坚信自己是全球化的受害者,他们是坚定的反全球化者,是坚定的美国优先支持者。

为什么美国出现严重的收入差距和贫富悬殊?这是必须回答的重大问题。有大量文献研究了这个重大问题,譬如诺奖得主斯蒂格利茨2013年出版的《不平等的代价》,法国经济学者皮凯蒂2013年出版的《21世纪资本论》,肯尼斯·霍博兄弟2012年出版的《清教徒的礼物》,这些著作从不同角度探讨了美国和整个人类的收入差距和贫富悬殊日益恶化的问题。本质上,这些著作讨论的核心问题,正是资本主义经济制度或者一般而言的人类经济制度所面临的基本困境。

三种资本主义制度

无独有偶,特朗普竞选班子的首席执行官和首席战略官斯蒂芬·班农,同样从资本主义政治经济制度的深层次矛盾来观察美国社会的深刻裂变和国际社会的大趋势。班农是特朗普成功问鼎白宫的首要功臣,曾经被《时代》周刊评选为"当今世界第二位最有权势的人物"。尽管后来被特朗普免职,但他的思想非常值得重视。班农的思想在很大程度上代表了美国精英阶级的世界观。

班农对人类命运和世界局势有两个基本判断:

其一，班农认为当今世界最主要的矛盾是"犹太-基督价值观"遭遇到异教徒的最大威胁。这当然是值得深入研究的重大课题，关乎人类命运。班农的想法与亨廷顿《文明的冲突和世界秩序的重建》的基本思想有异曲同工之处，不过班农讲得更直接、更具体。

其二，班农认为人类经济制度面临的最大危机是"犹太-基督价值观"基础上的资本主义经济制度遭遇到权贵资本主义和自由资本主义的极大威胁。

班农将资本主义经济制度分为三种：新教资本主义、自由资本主义、权贵资本主义。那么，这三种资本主义各有什么特征呢？

简而言之，新教精神的资本主义经济制度（或者好的资本主义经济制度）以如下典型理念为基础：

- 私有产权神圣不可侵犯，保障私有产权为宪法和一切法律的主要功能。
- 市场竞争天经地义。竞争胜出者为英雄。但竞争必须以法律为规范。
- 赚钱或从事商业具有神圣意义，赚钱是为了荣耀上帝，为上帝完成使命。
- 崇尚个人能力，英雄不问出身，社会制度安排给每个人创造公平的机会。
- 懒惰是最大的罪过。无论拥有多少钱，都需要永远勤奋工作。
- 尊重知识和技能，尤其是高度重视制造业技能。崇尚实体经济，鄙视投机取巧。
- 赚钱以不作恶为第一原则，君子爱财，取之有道。坚持不作恶的善经济原则。

- 赚钱为了自己奢华无度和挥霍浪费是极大的罪过。越有钱就越要节俭。必须将钱财捐助出去为上帝服务，完成上帝赋予的使命。
- 并非一切都是商品，尤其劳动力不是简单的商品。每个人都有上帝面前平等的尊严。
- 集体利益或社会利益高于个人利益。

依照班农的说法，新教精神的资本主义经济制度是好的经济制度，而权贵资本主义经济制度和自由资本主义经济制度则是坏的经济制度。

权贵资本主义经济制度具有如下基本特征：

- 极少数人以国家和人民的名义，控制着国家的大部分资源。私有产权名存实亡。
- 权力垄断遏制公平的市场竞争。极少数人制订专为他们服务的法律法规和经济政策。
- 收入差距和贫富悬殊往往处于世界最高水平。社会严重分化，极少数人拥有惊人的财富，绝大多数人长期处于贫穷和低收入状态。

班农认为拉美一些国家是权贵资本主义经济制度的典型代表。

自由资本主义经济制度的基本特征：

- 主张完全的私有化和毫无约束的自由竞争，亦即所谓"华盛顿共识"的基本政策主张。
- 人间一切皆可买卖，包括人的灵魂皆有市价。没有高于市场价格的超越价值。

• 相信收入差距和贫富悬殊是市场竞争的必然结果，是完全正义的。

班农认为华尔街资本主义就是典型的自由资本主义经济制度。

为什么新教精神的资本主义是"好的"资本主义？

什么是"犹太–基督教价值观"？《清教徒的礼物》将清教精神概括为五个方面[①]：

• 建造人间天国的坚定信念。
• 亲力亲为的工匠精神。
• 集体利益高于个人利益的道德观念。
• 协调物力、财力和人力的组织能力。
• 高度重视科学技术。

关于清教价值观的工作伦理，宗教改革领袖马丁·路德（1483—1546）曾经如此劝勉新教信徒："无论你的工作多么卑贱和渺小，请一定坚信：你的工作同样伟大和珍贵。它的伟大和珍贵不是源自你自身多么有价值，而是源自你的工作在上帝教导和敕令所构成的神圣世界里，自有其不可或缺的地位！"清教徒对任何工作都应该保持敬畏之心，亲力亲为。

清教徒价值观的核心是将财富与神的眷顾或旨意联系或等同起来。新教加尔文派的神学家认为：人获得财富表明获得了上帝的眷顾，相反，贫

---

① 肯尼斯·霍博，威廉·霍博.清教徒的礼物[M].丁丹，译.北京：东方出版社，2016：7–14.

穷就是得不到上帝钟爱的明确信号。

公理会牧师亨利·沃德·比奇（Henry Ward Beecher）曾经说："贫穷是穷人所犯的大错！""总体而言，以下论断是完全正确的：宗教信仰最虔诚的地方，必定是世间财富最丰裕的地方！"

卫理宗创始人约翰·卫斯理（1703—1791）曾经发表著名宣言："如果你努力赢得一切你能够赢得的财富，储蓄一切你能够储蓄的财富，同时又能奉献一切你能奉献的财富，那么，你必将得到日益广大和辉煌的荣耀！"

简言之，清教精神的资本主义鼓励人人勤奋工作，尽力赚钱，赚尽可能多的钱，然后再将钱财奉献给社会，奉献给人类，也就是奉献给上帝。

新教的加尔文主义塑造了现代资本主义精神。加尔文主义的核心思想是"上帝召唤和上帝选民"。路德一派的神学家认为，所谓上帝召唤和上帝选民，就是每个人所从事的工作，无论多么卑贱和微不足道，皆是上帝之召唤，我们从事此项工作，即是上帝之选民，故而需要以忘我的精神和极端虔诚的态度去从事一切工作。对加尔文主义而言，所谓上帝召唤和上帝选民，并非如路德教派所说的天生注定的生存状态或上帝已经给我们选定了工作，相反，努力选择适合自己的工作和事业才是真正响应上帝的召唤，才能成为上帝的选民。

加尔文主义的教义尤其给经商或企业活动重新赋予神圣意义。基督教曾经一直认为商业活动对灵魂救赎非常有害，加尔文主义的教义则反其道而行之。经商或从事企业活动获得崭新的神圣价值。劳动不再仅仅是一种谋生的手段，它本身就是具有神圣精神价值的伟大目标。贪婪和逐利对灵魂有害，然而最有害的却是懒惰和无所事事。

那些苦行僧式的清教徒就是潜在的伟大企业家和商人，他们极度节俭、自我否定（苦行）、精于持家或理财。新教伦理将赚钱"提升为人生最高和终极目的"。然而赚钱不是为了自我享乐,而是为了全部奉献出来,替上帝完成使命,救赎人类。

清教徒将赚钱理解成一种理性的具有准确方法论的职业。他们坚信,自己或国家能够富裕繁荣是未来获得上帝救赎的信号。无论一个清教徒已经多么富有,他永远都必须勤奋工作,鞠躬尽瘁,死而后已。对清教徒而言,最可怕的罪过就是浪费时间、无所事事、无聊闲谈和奢侈无度。

韦伯认为:"奢侈无度或无止境的享乐欲望从来就不是真正的资本主义,与真正的资本主义精神相距更远。相反,资本主义精神与其说是奢侈无度,倒不如说是极度克制,或者至少是对那些非理性的冲动尽可能理性地克制或调节。要想富裕的人首先就是要节俭!"

美国历史上那些最著名的人物,诸如富兰克林、洛克菲勒、盖茨、巴菲特、拉里·佩奇和谢尔盖·布林、扎克伯格等,皆极其鲜明地彰显了新教资本主义精神。他们成为巨富并非为了自己和家族的享乐,而是为了将钱财捐助出去,帮助建立更美好的社会。

第七章

资本主义经济制度的内在矛盾和根本缺陷

人类面临的最大麻烦

2016 年 8 月，地产大亨王健林不经意间的一席话引爆社交媒体圈。凤凰卫视主持人鲁豫问他：许多大学生梦想成为首富，您可以给他们一点儿建议吗？王健林漫不经心地答曰：先定一个小目标，比如说先赚它一个亿！

这一个亿的"小目标"立刻引爆无数人的惊叹、艳羡、嫉妒、愤怒、仇恨、沮丧、失落，以及各种无法言表的复杂情绪。须知，首富漫不经心的小目标是无数人毕生都无法企及的梦幻目标。

"小目标"瞬间成为网络热词和人们调侃的日常用语，它以一种近乎黑色幽默的方式说明当今贫富悬殊达到多么严重的程度！今天中国亿万富翁已如过江之鲫，身价超过 10 亿美元的富人数以千百计，身价超过百亿美元者数以百十计，首富们的身价已经超过 3000 亿人民币！

与此同时，日均生活费用或日均收入低于 1.2 美元（世界银行划定的绝对贫困线，约合人民币 8 元）的中国人仍然有数千万（还有统计说贫困人数超过 2 亿）。因贫穷无力就医、无力就学的家庭难计其数。《纽约时报》曾经转述某个研究机构的研究报告，说 2002 年中国 20% 的人掌控了全国 80% 的财富，到 2012 年 10% 的人已经掌控了 90% 的财富。2017 年，官方公布的基尼系数高达 0.43，超过发达国家基尼系数最高者美国（0.42），位居世界贫富差距最高者行列。2015 年经济合作与发展组织成员国平均基尼系数是 0.32，其中德国、荷兰、瑞典、芬兰等国家的基尼系数处于 0.22 到 0.28 之间。即使如此，收入差距和贫富悬殊同样是经济合作与发展组织很多成员国面临的突出和尖锐的社会问题之一。

收入差距和贫富悬殊（即人们通常所说的社会不平等和不公正的主要

表现），是当代人类社会面临的首要经济和政治挑战，几乎所有社会问题均与不平等和不公正的日益恶化息息相关。2016 年英国公投脱欧，实际上是英国社会低收入阶层或"社会失败者"对现有政治经济秩序投下的反对票或不信任票；2016 年地产商特朗普异军突起成功当选美国总统，实际上是美国无数"失败者"或"美国梦破碎者"对现有政治经济秩序表达的不满和愤怒。笼罩整个世界的恐怖主义阴云看似与收入差距和贫富悬殊扯不上直接关系，仔细分析则不难看出，贫穷、失业、绝望往往是滋生恐怖主义或极端主义的最佳土壤。历史经验一再证明，富裕繁荣和社会相对公正平等的地区和时代，几乎不大可能孕育极端主义、恐怖主义和武装割据。

许多学者高度关注且致力深入研究世界范围的收入差距和贫富悬殊。诺贝尔经济学奖得主斯蒂格利茨教授 2013 年出版《不平等的代价》，以详尽数据揭示了美国收入差距和贫富悬殊日益恶化的现实，以严谨逻辑证明收入差距和贫富悬殊的内在原因是市场竞争机制的内在缺陷或市场失败，尤其是金融制度和公司治理制度的内在缺陷是造成贫富严重悬殊的关键制度原因。

2014 年法国经济学者皮凯蒂出版轰动全球学术界的《21 世纪资本论》，以欧美近两个世纪的详尽数据揭示贫富悬殊和收入差距历史演变的趋势性规律，证明食利者经济和财富传承是造成收入差距和贫富悬殊持续恶化的内在原因。

笔者 2015 年出版《新资本论》，首次从人类货币信用制度和国际货币体系历史演变的角度，证明当代人类经济体系已经演化为全球金融资本主义经济体系。全球金融资本主义经济体系是以三个两极分化为主要特征的经济体系：货币信用资源分配的两极分化、虚拟经济和实体经济的两极分化、收入和财富分配的两极分化。三个两极分化趋势相互加强，导致人类收入差距和贫富悬殊的日益恶化。

类似的研究不胜枚举。学者们亦分别提出了缓解或根本解决收入差距和贫富悬殊的各种具体办法。

毋庸置疑，收入差距和贫富悬殊日益恶化是当今人类和世界各国面临的头号难题，其他社会问题其实是收入差距和贫富悬殊严重恶化所派生。

其一，日益恶化的收入差距和贫富悬殊显著降低消费和投资增长率，从而严重拖累经济增长，将经济拖入一个"收入增长减速和收入差距扩大——投资和消费增速放缓——经济增速放缓、停滞或负增长——就业持续下降——收入增速进一步减速和收入差距进一步扩大"的恶性循环。经济学常识告诉我们，富裕人群消费倾向较低，越富裕者其消费倾向越低，收入差距和贫富悬殊日益恶化造成"富人有钱不消费，穷人消费没有钱"的局面，消费增速减缓或停滞必然导致投资、就业和经济增速放缓或停滞。

2008 年全球金融海啸之后，全球经济之所以陷入长期持续低速增长，与金融危机导致大量人口失业、收入停滞或下降、收入差距和贫富分化日益恶化有很大关系。对某些国家而言，越来越多富人的消费转向国外市场，进一步减缓国内消费、投资、就业和经济增速。有许多实证研究证明，日益扩大的收入差距和贫富悬殊会严重阻碍经济和就业增长，甚至造成经济长期停滞。"中等收入陷阱"的本质特征之一，就是日益扩大的收入差距和贫富悬殊造成经济长期低速增长或衰退。

其二，日益恶化的收入差距和贫富悬殊会严重伤害整个社会的创新精神和创造力。激励创新和创造的社会机制需要适度的收入差距，需要妥善保障私有产权及其因此而获得的收入。然而，过度的收入差距和贫富分化会严重损害整个社会的创新精神和创造力。富二代通常缺乏父辈的冒险精神、勤奋和艰苦奋斗的意志，过度或极端贫穷的家庭则很难孕育出大批富有冒险精神和创造活力的年轻人。

研究表明，绝大多数成功的创新者和企业家出自中等及中等以上收入家庭，或者说衣食无忧且能够为年轻人创业提供一定帮助的家庭。贫富极端悬殊的国家和地区不可能激发持续的创新和创造的活力。世界上那些收入差距和贫富悬殊走向极端的国家，则严重缺乏企业家和创新精神。

其三，日益恶化的收入差距和贫富悬殊让很多人失去生活的希望，失败、沮丧、失望、无助、绝望等最糟糕的负面情绪笼罩整个社会，必然造成社会秩序紊乱，引发社会动乱，甚至政权崩溃，滋生各种极端主义、恐怖主义和武装暴乱。

当今世界的恐怖主义往往发源于经济长期停滞、贫富极端悬殊、大量人口失业、缺乏起码社会保障的国家或地区。宗教、种族问题当然是诱发极端主义和恐怖主义的重要内在根源，贫穷和失业所必然伴随的无助、失落和绝望则是诱发恐怖主义和极端主义的重要契机。历史上一切重大政治社会革命的重要根源或主要根源皆是收入差距和贫富悬殊的极端恶化。

资本主义经济制度的三大缺陷

当代人类社会令人忧心的收入差距和贫富悬殊难题与主流经济制度的内在缺陷息息相关。概而言之，主流经济制度即资本主义经济制度存在三大根本缺陷。

第一个缺陷是私有产权制度的内在缺陷。

私有产权是市场交易和市场竞争的前提条件，是资源最优配置的制度基础，是确保资源租值消散最小化的竞争准则，是促进经济增长的基本制度保障。历史和理论已经证明，消灭私有产权必定导致人类灾难，不仅导致经济停滞和崩溃，而且导致个人自由和基本人权被彻底践踏。然而，私有产权本身无法保障收入和财富分配的合理公正，以私有产权为基础的竞争性市场机制无法保证实现理想的社会平等和社会公正。

因为，其一，社会的公平正义很难有一个公认的标准或准则。美国20世纪著名哲学家约翰·罗尔斯的著作《正义论》，试图提出和证明一个普适的正义法则。此问题极为湛深，且极具思辨性。私有产权保障个人的自由权利和自由选择，然而，每个人的自由选择却不能保证构成一个符合绝大多数人（更别说所有人）最大利益的制度，此乃著名的"阿罗不可能性定理"的基本结论。

其二，私有产权是一个具有普适性的概念，具体的制度安排则千差万别。从保障私有产权的一般意义上来说，除极少数国家以外，今日世界各国大体皆将保护私有产权写入宪法，成为国家政治经济法律制度之基石。然而，以老牌的欧美资本主义国家而论，则有所谓的盎格鲁—撒克逊模式（英美模式）、莱茵模式、北欧模式（尤其是丹麦模式）。这些模式之不同，就在于保障、实施、约束、节制、干预、调节私有产权和市场竞争的法律制度、公司制度、税收制度、福利制度等互不相同。以亚洲各国资本主义经济制度而论，又有东亚模式（其中又分为日本模式和韩国模式）、印度模式、中国模式等。

上述千差万别的各种模式，究竟哪个比较接近人类理想的经济制度呢？此问题一言难尽，首先需要我们对理想的人类经济制度有明确的认知和界定。我们留待最后一章详细阐述。

第二个缺陷是货币信用制度的内在缺陷。

人类经济制度有两大支柱，第一大支柱是产权制度及其相关的法律法规。广义而言，税收制度亦属产权制度范畴，因为税收本质上是对个人私有产权的干预或剥夺。假若个人所得税和企业所得税提升到100%，则私有产权荡然无存。

第二大支柱则是货币制度及与之相关的金融信贷体系等制度安排。货币金融如果被彻底取缔，人类经济必陷入灾难；相反，货币金融制度如果设计和管理不当（譬如严重的通货膨胀或通货收缩），人类经济亦必然陷入灾难。拙著《新资本论》就是从人类货币金融制度演化的角度来考察人类经济制度的变迁。

当代人类货币体系是一个无锚货币体系。以无锚信用货币为基本特征的人类货币金融体系具有内在的通货膨胀倾向，一般而言，通货膨胀是富人的福音和穷人的灾难，持续的通货膨胀是加剧收入差距和财富不平等的重要力量。

人类货币金融体系具有内在的促进整体经济"虚拟化或脱实向虚"的趋势。以金融资产创造和投机买卖为主要特征的虚拟经济日益脱离实体经济，食利者和投机者（或资本拥有者）分享的社会财富比例不断提升，实体经济的劳动者（严格意义上的财富创造者）分享的财富比例却持续下降。虚拟经济脱离实体经济成为一个自我循环、自我膨胀的体系，虚拟经济和实体经济的两极分化是当代人类经济体系的主要缺陷和重大危机之一。

当代人类货币金融体系天然就是一个嫌贫爱富，促进富者愈富、穷者愈穷的体系。越是富有的人越能够获得信用和金融资源，越是贫穷的人越是被排除在信用供给和金融服务之外。人类货币信用体系具有"内生的"两极分化趋势，必然导致真实收入和财富分配的两极分化。

第三个缺陷是人类经济制度缺乏足够的应对技术进步加速度增长的弹性。一般而言，人类的技术进步总是超越政治经济制度的变化，政治经济制度往往难以适应技术进步。人类每一次重大的技术进步或工业革命都导致某种程度的"增长性失业或增长性贫穷"。新技术或工业革命往往颠覆传统的产业链或价值链，给整个经济和产业带来创造性毁灭，它既是新财富创造的大爆发，又是传统财富的大毁灭，它既创造出新的就业机会，又毁灭掉很多旧的工作岗位。因此，每一次重大的技术进步或工业革命都是社会财富的重新分配或洗牌，它往往会加剧收入差距和贫富悬殊，加剧社会的分化或阶级的重新划分。

英国的圈地运动被称为"羊吃人"运动，导致无数人陷入失业和赤贫境地，对英国社会产生深远的历史影响，甚至将英国社会的道德基础或价值根基连根拔起。卡尔·波兰尼的著作《大转型：我们时代的政治经济起源》就以很大篇幅讨论了英国圈地运动导致的赤贫和社会变迁。

工业革命导致的大规模失业、"产业后备军"的迅猛增长、工人阶级的相对贫困化和绝对贫困化等重大社会问题，正是卡尔·马克思《资本论》所研究的核心问题。《资本论》认为产生此类问题的根源正是私有产权或生产资料的私人占有，解决如此重大社会问题的必然途径就是消灭私有制，实现生产资料的公有制。《资本论》之所以历久弥新，长盛不衰，皆因《资本论》确实抓住了资本主义经济制度内在的根本缺陷，这个基本问题仍将长期伴随着人类社会。

当代科学技术的飞速发展或加速增长同样导致社会财富大规模的重新分配、旧工作岗位的毁灭和新工业岗位的诞生、大规模失业、社会阶层或阶级的分化，由此引发一系列社会难题，而人类政治经济制度却缺乏足够的弹性以应对此类重大问题。

譬如，2014 年，牛津大学的两位教授研究了 700 多个职业的未来前景，认为未来 20 年至少有超过半数的工作岗位将面临"被机器人取代"的危险。美国 47% 的工作岗位面临被机器人取代的高风险，还有另外 19% 的工作岗位面临被机器人取代的中等风险，超过 60% 的美国劳动力面临"被机器取代工作，被迫下岗"的巨大危机。其他国家同样面临类似的危机。然而，各国至今没有实施相应的政治经济制度变革，以应对正在加速出现的"增长性失业或增长性贫穷"，即技术和经济增长的同时，失业率却大幅度上升，新技术创造的财富日益集中到少数技术精英和投资者手上。实际上，各国至今还没有找到适当的政策措施或制度安排，以确保所有人或多数人能够分享新技术革命的好处。

除了收入差距和贫富悬殊持续恶化之外，当代人类经济制度还造成两个重大恶果：一是地球生态环境持续遭受严重破坏；二是人们日益将利润、身价、市值、GDP 看作是个人、企业和国家追求的最重要目标乃至终极目标，人文精神和人文关怀退居其次。物质财富持续增长丰富和延长了人的自然生命，然而人的精神生命或价值生命却日渐单调、干涸、枯萎，甚至死亡。易言之，当人们的物质生活家园越来越漂亮、奢华和庄严之时，精神生活的家园却越来越败落、萧瑟和冷漠。

收入差距和贫富悬殊深刻影响人与人之间的和谐或全社会的和谐。它让人与人之间，或者人类社会整体逐渐失去和谐与共同发展的基础。无论从经济发展、政治稳定，还是从社会和谐角度看，收入差距和贫富悬殊的不断恶化，始终是人类社会有史以来最大的"罪恶"，始终是导致经济停滞或衰退、政治动荡或崩溃、社会失序或混乱的主要根源。没有一个经济学者、政治学者、历史学者、战略学者乃至宗教和文化学者、哲学家和文学家，会忽视人类社会普遍存在的收入差距和贫富悬殊问题。因为，归根结底，历史上一切暴力革命或动乱、政权瓦解或更迭、社会冲突或失序、宗教纷争和地缘冲突，总是与一个国家内部或国与国之间的收入差距和贫富悬殊息息相关，有时是直接根源，有时是间接原因。

收入差距和贫富悬殊牵涉到经济学者研究的几乎所有经济理论和政策课题。从经济增长和发展战略、税收政策、产业政策、福利制度、货币制度，到人口政策、教育体系、金融体系、贸易政策或对外开放等，皆直接影响一国内部或国与国之间的收入分配和贫富差距。"效率和公平问题"是经济学的经典难题，牵一发而动全身。

生态环境的破坏则严重影响人与自然之间的和谐，威胁人类和自然两方面的生存。碳排放和地球变暖，水、土壤以及其他数之不尽的各种环境污染导致各种怪异疾病的蔓延，动植物不断加速灭绝和生态体系的失衡或失序等，无时无刻不在警醒着人类：我们对自然的掠夺已经过度，如果继续掠夺下去，必将导致自然和人类自身同归于尽。至少，越来越多的人会深刻感受到生活快速失去本来的意义：没有干净的饮用水和食物，没有清新的空气，各种环境污染导致的疾病夺走越来越多人的生命。

生态环境问题同样牵涉到经济学者和其他领域的研究者所关注的诸多问题，诸如经济增长的技术路径或战略选择、经济增速的选择等。

至于人文精神和道德价值的丧失，则牵涉到人自身的和谐，即心灵的安宁和精神的富足。此问题我们留待以后讨论。

虚拟经济恶性膨胀导致真实劳动生产力长期持续下降

过去40多年来，人类科技突飞猛进，但劳动生产力却没有持续增长。有大量的证据说明这一现象，譬如美联储前主席格林斯潘的回忆录及其后续几本著作均提供了大量这方面的数据。霍博兄弟的《清教徒的礼物》也提供大量类似数据。曾任英国金融管理局局长的特纳的著作亦提供很多数据。综合起来，学者们提出了生产力持续下降的悖论。拙著《新资本论》

的基本主题就是讨论虚拟经济增速大大超过实体经济增速为什么会导致劳动生产力增长的持续放缓。

将全球经济作为一个整体来看，1950—1973 年真实国内生产总值（即扣除通货膨胀的 GDP）平均增速为 4.91%，1973—2000 年下降到 2.86%，2003—2007 年是 3.62%，略有回升，2008 年全球金融海啸之后，急剧下降到 1.7%。

同一时期，美国真实国内生产总值平均年增速从 3.99%（1950—1973年）下降到 2.99%（1973—2000 年），2003—2007 年下降到 2.74%，金融海啸之后下降到 0.61%。这三个时期内，日本真实国内生产总值增速分别从 9.29% 急剧下降到 2.87%、1.85% 和 -0.19%。德国的真实国内生产总值增速分别从 5.68% 下降到 1.76%、1.69% 和 0.77%。其他发达国家亦呈现类似趋势。

与此同时，收入差距和贫富悬殊则日益恶化。根据美国人口普查局的数据，从 1973 年到 1993 年，美国最富有的 5% 顶层家庭平均收入提高了18%，最贫困的底层 5% 家庭的平均收入则降低了 17%。

为什么在这段漫长的时期内，普通百姓的收入没有增加？麻省理工学院工业绩效中心主任理查德·莱斯特肯定地告诉我们，原因在于劳动生产力（率）倒退了。1995 年，美国疑似成为"生产率增长最缓慢的发达工业经济体"。生产率增长缓慢，是美国人最近生活水平提高缓慢的首要原因。

1870—1970 年的 100 年间，美国劳动生产率平均每年增长 2.2%，第二次世界大战结束后的 10 年年均增长 3%，1971—1995 年平均每年只增长 1.1%。美国经济学家约阿希姆·菲尔斯和马诺吉·普拉丹将 20 世纪 60年代中期到 90 年代中期称作"美国生产率增长的漫长衰退期"。1973 年到1982 年，全要素生产率甚至出现了下降。生产率缓慢增长或衰退时期，恰好就是布雷顿森林体系崩溃、浮动汇率泛滥、虚拟金融资产快速增长的时期。详尽分析请参考《新资本论》。

美国经济学者杰夫·马德瑞克总结说，关于生产率增长和收入分配之间的关系，有一个重要结论，那就是"生产率增长缓慢时的收入分配不如生产率增长迅速时的收入分配均衡公平"。很多人被抛在后面，丧失信心和斗志。

生产率增长不仅决定整体财富和收入的增长，而且决定收入和财富分配是否能够实现相对的公平。2008年诺贝尔经济学奖得主保罗·克鲁格曼曾经说："生产率也许不代表一切，但几乎就是一切"。

资本主义经济制度的新形态：全球金融资本主义的兴起和危机

本书的基本主题之一，是反思人类经济制度，具体地说，是反思当代资本主义经济制度。笔者认为，当今人类社会占支配地位的经济制度不是别的什么经济制度，而是资本主义经济制度，尽管各国资本主义经济制度之具体体制和机制差别很大，然而从资本主义经济制度最基本的两大特征——私有产权和市场竞争——来判断，今日人类世界可说是一个全球性的资本主义经济制度。

笔者2015年出版《新资本论》，将当代全球经济概括为全球金融资本主义。《新资本论》从全球金融资本主义的兴起、危机和救赎角度全面反思了当代人类经济制度面临的内在矛盾。

本书对人类经济制度的反思其实是《新资本论》对人类经济制度反思的继续，重点是反思资本主义经济制度的不同表现形式，更具体地说，是反思"好的"和"坏的"资本主义经济制度。反思的逻辑起点，则是对当代经济学主流思想和理论体系的批判性考察。

通过反思人类经济制度的内在矛盾，批判性地考察当代主流经济学思想，本书希望从根源上回答两个基本问题：其一，经济学能否有一个终极的、统一的逻辑基础？其二，人类能否设想、设计或创造一个理想的经济制度？理想的经济制度究竟应该具有哪些特征？

寻找第一个问题之答案的关键是恢复经济学的"人学"传统，即以人的价值生命所本具自足的无限创造性为经济学的终极本源或逻辑基础，以人的价值生命的提升为经济学或经济制度必须追求的终极目的。

寻找第二个问题之答案的关键则是回答第一个问题，也就是说，两个问题之答案的关键是完全一样的，即寻求人之真正的价值源泉或价值所在，寻求人之终极的追求或归宿。吾今日正是在《新资本论》全面检讨全球金融资本主义经济制度的基础上，继续反思"好的和坏的"资本主义经济制度。吾认为，好的和坏的经济制度之分野绝非主流经济学所致力讨论的宏观经济政策之差异，绝非某个具体经济机制和体制设计之差异。好的和坏的经济制度之差异，源自人的价值观本质上的不同，源自人的思想理念或宗教信仰的根本不同。我们需要记住弗兰克·奈特的话：良好社会秩序之基础必定是宗教信仰。社会秩序如此，政治制度如此，经济制度亦如此。

首先，我们需要问：当代人类经济制度的主要问题是什么？前文已经讨论了收入差距和贫富悬殊是当代人类经济制度面临的主要矛盾。那么，收入差距和贫富悬殊的根源究竟是什么？最主要的根源就是人类经济制度已经演变为金融主导的资本主义，即全球金融资本主义经济制度。

《新资本论》将当代人类经济制度概括为全球金融资本主义。全球金融资本主义具有 10 个主要特征：

1.全球货币体系是一个完全"无锚"的信用货币体系，货币供应量没有任何现实可靠的约束机制（无锚）。

2.全球经济的主要调节机制是"无序"的国际资金流动和浮动汇率。

3.全球经济一体化主要是金融市场的一体化和全球资金的相对自由流动。贸易自由次之，人员自由流动又次之。易言之，全球化是一个"跛脚的"或失衡的全球化。新古典经济学的国际贸易理论有一个登峰造极的原理，那就是大名鼎鼎的奥林-萨缪尔森-斯托普勒-蒙代尔要素价格均等定理，该理论预言，商品、资金、劳动力任一领域的自由贸易（自由流动）皆能导致所有要素价格在全球范围内的均等。这个重要结论理论上成立，现实上并不成立，因为定理所依赖的假设条件太多且太严格。

4.金融市场（金融经济）或虚拟经济日益脱离实体经济，成为一个自我循环、自我膨胀的虚拟经济体系，其规模和增速远远超过实体经济规模和增速。美联储前主席格林斯潘、英国金融服务管理局前主席阿代尔·特纳、英格兰银行前行长默文·金等许多中央银行家都不约而同地开始深入讨论此问题。这也是本人拙作《新资本论》所研究的主题。

5.虚拟经济恶性膨胀导致金融市场所形成的价格（利率、汇率、股权价格）主导实体经济的价格体系和投资决策。虚拟经济（金融）和实体经济的关系完全颠倒过来，头和脚的关系、主人和仆人的关系颠倒过来。这是全球金融资本主义经济体系最显著的特征。

6.以虚拟经济脱离实体经济自我膨胀为主要机制，全球金融资本主义形成一个"三个两极分化"的体系——虚拟经济和实体经济的两极分化、信用分配的两极分化、实质收入和财富的两极分化。由此造成当代人类经济体系最深刻的社会矛盾和冲突。

7.由于虚拟经济和实体经济"头和脚"的关系完全颠倒过来，基于"货币是一层面纱"、"货币长期中性"或"实体经济决定金融体系"的传统经济理论则基本或完全失效。教科书的货币理论和汇率理论无法解释当代货币金融现象。

8.美元本位制、浮动汇率和虚拟经济恶性膨胀是过去40多年来全球金融危机频繁爆发的根本原因，是全球经济失衡的总根源。

9.尽管过去30多年来，人类迎来了以互联网为核心的新一代科技革命和工业革命，然而奇怪的是，许多国家的全要素生产力增速却出现放缓或下降。全球都在讨论"生产力之谜"。格林斯潘等人以大量数据证明：虚拟经济恶性膨胀的时代，实体经济的投资增速却大大放缓，导致实体经济的劳动生产力增速放缓或下降，产业工人阶级的收入长期停止增长甚至下降。这就是美国"特朗普现象"和英国"脱欧现象"的内在根本原因。全球化导致的工作机会转移是次要原因。

10.全球金融资本主义时代，由于虚拟经济恶性膨胀形成巨大的"流动性池子"，货币政策传导机制发生重大变化。全球货币政策基本失效或完全失效。量化宽松、低利率、零利率和负利率政策，对刺激实体经济投资和消费都收效甚微。货币万能主义彻底破产。流动性过剩、资产泡沫和实体经济萎靡并行不悖。货币政策传导机制失灵或失效是各国央行面临的首要难题，中国同样如此，根本原因是虚拟经济与实体经济的背离，虚拟经济主导实体经济。

全球金融资本主义的极端表现："1%"问题

美国学者并非没有预言到特朗普式的革命必然会发生。2013年，美国的著名杂志《外交季刊》发表了杰瑞·穆勒的文章《资本主义和收入不公》，文章说："近些年，有两件事情支配着美国和其他资本主义国家的政治辩论舞台。一是经济不公平的日益恶化，二是政府究竟应该采取何种措施来解决这个问题。"

这个问题集中表现为1%问题，即1%人群所享有的收入或财富占全部国民收入和财富的比例高得离谱，学者们将其称为1%问题。统计数据表明：美国1%人群所占国民收入的比例，从1976年的9%上升到2011年的20%。1973年，20%美国最富有家庭的收入占全部国民收入的44%，该比例2002年上升到50%，2010年上升到53%。与此同时，最贫穷的20%家庭的收入占国民收入的比例，1973年为4.2%，2002年下降到3.5%，2010年下降到3.2%。

如果以个人为单位，目前美国10%的最富裕的人拥有78%的财富。40年前，该比例只有48%。

根据2001年诺贝尔经济学奖得主约瑟夫·斯蒂格利茨教授的研究，2008年金融危机以来，美国1%的家庭拿走了全部经济增长净收益的93%，穷人和中产阶级的收入基本没有增长，许多人群的收入和财产负增长。最富的1%家庭的平均收入是中产阶级家庭平均收入的225倍。美国大公司首席执行官的收入是普通员工的485倍！

斯蒂格利茨教授的著作《不平等的代价》、法国经济学者皮凯蒂的著作《21世纪资本论》以及本人拙著《新资本论》等许多文献都从不同角度深入讨论了1%问题的根源。

虽然学者们所引用的数据有差异，也不可能完全准确，但基本问题和结论却是一致的，那就是过去40多年以来，以美国为代表的资本主义国家，收入差距和贫富悬殊一直持续扩大。2010年之后，美国基尼系数达到0.42。

无论历史学者、经济学者和政治学者如何解释，收入差距和贫富悬殊已经是人类面临的最深刻、最急迫和最严峻的社会问题。

全球金融资本主义兴起的内在制度根源主要有两个。一是人类货币制度的革命性变化；二是资本主义经济制度导致的人类财富理念的革命性变化。

人类货币制度的革命性变化

布雷顿森林体系崩溃代表着人类货币体系划时代的革命性变化。人类货币体系变成一个完全"无锚"的货币体系。货币的创造或发行失去最基本的外部约束。货币发行或货币创造完全由人的主观愿望操纵。基本机制有两个，一是中央银行"主动"操纵货币信贷以实现所谓宏观经济目标；二是庞大的金融市场"倒逼"中央银行创造货币或信贷，尤其是金融市场面临危机或流动性困境之时，中央银行往往不得不救助那些濒临破产的金融机构，尤其是那些"大而不能倒"的系统性重要金融机构，中央银行被迫大量甚至无限创造流动性，客观上必然加剧金融资产的恶性膨胀，助长金融投机活动泛滥到整个经济体系。央行被迫救助金融机构的行为极大地降低了很多金融机构的风险意识，造成严重的逆向选择和道德风险，客观上纵容很多金融企业大肆运用高杠杆追逐超额利润，最终风险则由纳税人和普通百姓共同承担。

人类货币体系演变到"无锚"货币体系，经历了三个的阶段：

第一阶段，20世纪之前（具体说是第一次世界大战之前）：人类货币体系主要是商品货币本位制（金本位制、银本位制、复本位制），货币创造具有坚实的外部约束。

第二阶段，1914—1971年，全球货币体系主要是金汇兑本位制的固定汇率体系。其中经历了金本位制的崩溃、重建和重建的失败，然后是布雷顿森林体系的创建和崩溃。这个时期里，尽管各国货币制度有很大差异，但绝大多数国家基本实行与美元挂钩的固定汇率制度，美元则和黄金按照固定汇率挂钩，所以整体而言人类货币创造依然具有外部约束（黄金总量的约束）。

第三阶段，1971 年至今，人类进入完全彻底的信用货币时代或无锚货币时代，蒙代尔和麦金龙称之为美元本位制时代。这是人类货币体系一个划时代的革命性变化。从全球或人类经济整体来看，货币创造再也没有任何外部约束。各种量化宽松货币政策应运而生，虚拟经济恶性膨胀势所必然。这当然是人类经济体系和金融体系的划时代变化。详尽的分析参见拙著《新资本论》。

人类财富理念的革命性变化：从利润最大化到市值最大化

全球金融资本主义时代，以华尔街为代表的金融市场主导所有公司、产业和实体经济的定价或估值，迫使绝大多数企业将经营目标确定为"市值最大化"，许多公司的经营方向完全背离实体经济的基本导向，也就是背离产品第一、质量至上、员工第一的基本导向，转而以市值最大化为基本导向，以为股东创造价值为基本导向。所谓股东价值，无非是股价的持续上涨。这可能是全球金融资本主义时代，人类经济体系最显著、最重要也是最可怕的变化。

本人拙著《新资本论》中写道：

全球金融资本主义的第三个特征是，在全球金融资本主义时代，企业的行为准则不再是利润最大化，也不是管理者利益（效用）最大化，而是市值最大化或股东价值最大化。与此相应，在全球金融资本主义时代，企业的核心激励机制之一就是股权或期权激励机制。

投资者或股东可以不必关心企业的经营活动、战略和策略、产品和市场，甚至可以不关心企业是否创造收入和利润。他们唯一关心的就是企业的股价、市值或股东价值。全球金融资本主义时代里，在越来越多人的心目中，企业股票价格和市值几乎已经成为衡量企业是否卓越和管理者是否优秀和称职的唯一标准，甚至成为他们判断行业是否具有长远发展前景的唯一标准。

市值文化或者股价文化或者股东价值文化，正以日益强大的威力和威胁，迅速改变着企业家、投资者和社会公众的价值观、资产观和财富观，迅速改造着无数公司的商业模式和无数产业的内部结构。①

市值最大化的经营理念是导致美国制造业衰落的关键原因

霍博兄弟所著的《清教徒的礼物》以无数令人扼腕的案例，阐述美国龙头企业和整个制造业自 20 世纪 70 年代开始陷入衰落，核心原因就是企业的基本经营原则发生革命性却又是灾难性的变化。《清教徒的礼物》的基本结论与拙著《新资本论》的结论完全一致。

《清教徒的礼物》如此写道："唐纳执掌之下的通用汽车公司追求'改进数字而非汽车'，韦尔奇执掌之下的通用电气持有大致相同的目标。在这两个'蓝筹'公司的带领下，大型企业界掀起了一场微妙而根本的革命。

---

① 向松祚. 新资本论 [M]. 北京：中信出版社，2014：52–54.

以前，火车头等产品或服务的购买者是龙头企业的客户，现在，股票的购买者——当然只限于大笔购买者，即机构投资者——更像是龙头企业的客户。为了机构投资者，公司可以既不考虑自身的长远发展也不考虑公众的利益，或美化事实来'制造'理想的财务数据。传统客户用现金或信用卡来支付产品或服务，而机构投资者则是通过购买（或不卖）相应的股份赋予企业及其管理者各种利益。……20世纪最后三十几年，资本主义已然本末倒置，至少大型企业大都如此。"[1]

霍博兄弟举了大量的例子来证明这个基本结论[2]：

第一个例子是通用汽车的衰落。1958年唐纳担任通用汽车董事长和首席执行官，"财务人"开始登上美国龙头企业的管理舞台。他们的注意力是"如何改进财务数据而不是改进汽车"。接替唐纳的罗杰·史密斯也是一个财务人，他是个"让数字看起来好看的高手"。1979—1989年，通用汽车在美国的市场占有率从47%下降到35%，1992年濒临破产。2004年，市场份额降低到25%，生产力低于日本汽车公司（丰田生产一辆汽车花28个工时，而通用汽车需要35个工时）。2009年，通用汽车破产并接受政府重组。曾经排名世界第一的汽车巨头，如今勉强排进前10名。

第二个例子是通用电气的衰落和复兴。同样是1958年，财务人拉尔夫·科迪纳出任通用电器董事长。自此之后，通用电器就走上了财务主导或金融主导之路。2000年，《财富》500强发现通用电器利润只有不到一半来自制造业，于是通用电器归入金融服务类企业，遭到当时如日中天的传

---

① 肯尼斯·霍博，威廉·霍博. 清教徒的礼物[M]. 丁丹，译. 北京：东方出版社，2016：188.

② 肯尼斯·霍博，威廉·霍博. 清教徒的礼物[M]. 丁丹，译. 北京：东方出版社，2016：188—198.

第七章 资本主义经济制度的内在矛盾和根本缺陷 265

奇首席执行官韦尔奇的强烈抗议。20 世纪 60 年代之前，通用电器每年注册专利数超过任何其他公司，到 1999 年，通用电器申请的专利数已经降到第 20 名，前三名都是日本公司。

第三个例子是施乐公司的衰落。1968 年，哈佛商学院毕业的"资本运作奇才"麦克罗接任施乐公司董事长和首席执行官，从此开始一系列收购兼并和投机活动，以便大幅度提升股票价格，最终让施乐公司失去了方向。

第四个例子是 AT&T 的衰落。1978 年之后，财务人和市场营销人士登上了 AT&T 管理最高层，逐渐偏离技术主导路线，甚至聘请并不精通通信行业的麦肯锡公司为其制定未来战略。1984 年，麦肯锡为 AT&T 所做的预测报告说，到 2000 年，全球手机用户不会超过 100 万！事实是 2000 年全球手机用户达到 7.41 亿！AT&T 从此失去方向感，只好忙于一系列收购，最终连自己的皇冠明珠，也是全美国制造业和科技的皇冠明珠贝尔实验室，也卖给了法国人！

第五个例子是可口可乐的衰落。1981 年，罗伯特·戈伊苏埃塔出任可口可乐首席执行官，成为历史上第一个年薪过 10 亿美元的首席执行官。戈伊苏埃塔担任首席执行官期间，主要精力用于关注资本运作，拆分或收购，玩弄财务数据，最终让可口可乐失去了方向。

第六个例子是 IBM 失去方向感。著名的 IMB 董事长郭士纳"一半靠电子工程，一半靠财务工程"。郭士纳担任董事长期间，IBM 的主要任务是改进数字而不是改进产品。IBM 从计算机领域的绝对老大逐渐衰落直至退出计算机领域。2005 年，IBM 将个人计算机业务卖给中国的联想。

全球金融资本主义时代，公司经营的一切目的就是为了市值和股价。基本方法大同小异：操纵财务数据，让数字好看，让华尔街分析师满意；大肆收购兼并或拆分，迎合资本市场所需要的故事；削减研发成本和人工成本，提高每股盈利；放弃长远发展战略，追逐短期盈利和股价。

这是我们需要反思的当今人类经济制度的深层次大问题。为什么会出现市值最大化的经营理念？市值固然有意义，但市值究竟代表什么呢？市值真的那么重要吗？为什么企业管理者要追求市值最大化？企业经营最重要的应该是企业的产品和服务，这才是公司创造的真正财富或社会价值。

当今世界，企业经营者、投资者和普通社会公众日益热衷于用市值来衡量企业的成败或优胜，实际上已经给我们判断公司和国家的科技竞争力，乃至制定经济政策造成严重误导。

我们应该更加理性地看待公司市值。公司市值或估值当然有它的正面作用，它为公司股权做出定价，便于企业融资，便于为高管或员工建立期权激励制度，便于公司之间的收购兼并，等等。

然而，从根本上说，市值最大化思维模式的实际后果主要是负面的。它实际上反映了金融市场或金融定价权对公司和实体经济的主导权，反映了以华尔街为代表的全球金融资本主义竞争伦理对当代人类经济行为和经济制度的深刻影响，也反映了当代经济学尤其是市场有效假说对人类经济制度和经济行为的深刻负面影响。

经济学理论对此负有重要责任。经济学者倡导的效用最大化和利润最大化范式不仅误导了我们对人类经济行为和经济体系内在本质的理解，而且误导了很多国家的经济政策。全球金融资本主义兴起之后，效用最大化和利润最大化理念演变为市值最大化理念，实际上加剧了全球经济和各国经济的严重失衡，特别是虚拟经济严重背离实体经济。

第八章

有没有一个理想的经济制度？

任何关于人的学问（人学），必定要探究那个最终极的问题，亦即康德所说的最高善或圆善问题。哲学家研究人类哲学智慧演讲的终极问题或最后问题就是最高善或圆善问题。经济学者研究人类经济制度或经济体系演化的最后问题或终极问题，亦是一个最高善或圆善的问题，这个问题就是：有没有一个理想的经济制度？

依照牟宗三先生的阐释，最高善或圆善问题是幸福和德性（道德）的关系问题或统一问题，即幸福和德性究竟是一个综合命题，还是一个分析命题。

如果德性和幸福是一个分析命题，那么从德性即可分析出幸福，或者吾辈认为有德即有福，只要修德即可得到幸福，幸福不再是一个独立的事物，或不再是一个值得去独立追求的事情，我们只需要修养提升德性，幸福即相伴而来，或者修德本身就是幸福，舍此别无其他幸福。人生的最高理想就只有修德，无须单独追求所谓幸福，因为有德即是有福。

如果德性和幸福不是分析命题，而是一个综合命题，那么人生的最高理想就不只有修德，还需要独立地追求幸福。仅从德性分析不出幸福，或者说修德并不必然带来幸福。或者如俗语所说，好人并不一定能够有好报。人生的最高理想必须是德性和幸福相得益彰，共生共长，达成完美的和谐和平衡。

儒圣先哲为人类社会秩序的最高善或圆善贡献了极具启发力的思想资源。《中庸》开篇有曰："致中和，天地位焉，万物育焉。"中和之道就是圆善之道或最高善之道。然则中和之道究竟是怎样的高明之境？《易·乾卦·象辞》有曰："乾道变化，各正性命，保合大和，乃利贞。首出庶物，万国咸宁。"所谓"首出庶物，万国咸宁"，意即人人皆是目的，人人皆得最大自由，亦人人皆达至善之境，社会亦必达最高善之境。

中国圣哲里，最早提出最高善或圆善问题者是孟子。孟子曰："古之人修其天爵，而人爵从之。今之人修其天爵，以要人爵；既得人爵而弃其天爵，则惑之甚者也。"孟子所说的天爵就是德性，人爵就是幸福。孟子认为修其天爵而人爵从之，亦即认为修德即能获得幸福。孟子又说："求则得之，舍则失之，是求有益于得也，求在我者也。求之有道，得之有命，是求无益于得也，求在外者也。"求之在我者即是修德，修德完全在自己，不取决于外物，只要我们愿意修德，则德性必然提升，此即孔子所说"我欲仁，斯仁至矣"。求之在外者即是我们通常所说的幸福（包括一切世俗的名利和欲望），既然求之在外，是否能够得到就没有必然的保证，所以是求之有道，得之有命。孟子此处实际上就是说，德性和幸福不是一回事，不是分析命题，而是一个综合命题。当然孟子并没有使用现代哲学术语，但意思如此。

柏拉图亦曾经间接触及最高善或圆善问题。康德则正式分析最高善或圆善问题。牟宗三先生融会中西圣哲思想，很好地解决了哲学的终极问题或最后问题。我们今日正是借鉴牟宗三先生关于圆善问题的思想以思考经济学的圆善问题。哲学的终极问题其实就是关于人的最终命运或最后归宿问题，经济学亦复如是，历史学亦复如是。

自经济学成为一门独立的学科开始，经济学者便隐隐约约地或潜意识里都在思考这个问题，并试图回答这个问题。斯密发现市场机制"看不见的手"的神奇机制，他为之惊喜不已。惊喜的原因并不仅仅是他找到了这个机制，而主要是他相信这个机制能够促进人类共同的最大利益，能够促进"最大多数人的最大幸福"。

斯密之后，古典经济学者始终将"最大多数人的最大利益"看成经济学者追求的最高目标或终极追求。最大多数人的最大利益，应该就是经济学的最高善或圆善问题，或者说是经济学最高善或圆善问题的一部分。最大多数人的最大幸福当然是不够的，应该是所有人的最大幸福。正如佛家追求的最高善或圆善的核心内容首先是人人皆能成佛，但是人人皆能成佛还不够，还要一切生类皆能成佛，亦即十法界皆能成佛。佛教思想2000多年的演变，最大成就之一就是证明了"佛性"的普遍性和超越性，佛性就是人人皆能成佛的超越根据。

经济学者亦应该能够证明，确实存在或可能存在一种经济制度或经济体系，能够实现每个人的最大幸福。最大多数人的最大幸福当然是不完美的，是不够的，但少数人的最大幸福则肯定不行。

然而，今天人类的经济制度似乎日益加速走向"少数人的最大幸福"以及"多数人的较少幸福或没有幸福"。美国、英国和欧洲大陆乃至全世界都在激烈争论所谓的"1%问题"，即1%的人拥有过多财富，很多国家里，1%的人拥有一个国家30%、40%甚至超过50%的财富！收入差距和贫富悬殊如此严重，绝大多数人如何谈得上最大幸福呢？物质财富虽然不是衡量个人幸福的可靠指标，甚至不是最重要的指标，然而，财富分配的极端不公平却必然损害许多人的幸福。

欲回答上述问题，我们首先需要回答如下问题：其一，能否找到一个衡量所有人的最大幸福之标准？其二，财富分配与个人幸福之关系究竟如何？其三，如果找不到最优的制度，能否找到一个次优的制度？

新古典经济学根本无法回答经济学的圆善问题

新古典经济学根本没有涉及经济学的圆善问题或最高善问题。新古典经济学将经济学变成一门所谓的"纯科学"之后，古典经济学那淳朴的价值观也被完全丢弃。纯科学不可能关心人类命运终极的最高善或圆善问题。

不仅如此，今日人类经济制度的诸多大麻烦，与新古典经济学将经济学这门学问过度实证化、科学化、数学化、教条化有很大关系，经济学原本具有的人文精神丧失殆尽，经济学已经不再是一门"人学"。正如人类需要以人文精神和道德价值来对治科学技术的负面影响一样，我们同样需要以道德价值和人文精神来对治经济学的泛科学化、数学化和实证化。

新古典经济学对人性本质的认识，源自西洋功利主义或享乐主义哲学思想，边沁创发"效用"或"功利"一词，逐渐成为西洋经济思想理念的中流砥柱，人性自私则成为人性的基本假设。自私假说开始只是一假设，然则历经长期繁复演变，随着西洋经济学成为举世效仿之显学，人性自私假设遂渐有成为公理之趋势，终于被公认为人性之本然或本质，成为个人追逐金钱和物质享乐、企业追逐利润和市值最大化、国家追逐GDP最大化的理论基础。物欲横流已成"人间大道"，精神追求退居其次，甚至为世人所鄙弃。依吾儒圣先哲心学之基本义理，人道之常当为"本心宰物"，非是"以物宰心"或"以物御心"，人道之常当为精神支配物质，至少亦当精神与物质齐头并进，协同配合。

今则不然，天下熙熙，皆为利来，天下攘攘，皆为利往，物欲横流导致收入差距和贫富悬殊日益恶化，各国多种多样的社会冲突皆与贫富悬殊和收入差距有极大关系。经济学者不应该执迷不悟，始终陷入功利主义或实用主义或效用主义哲学而不思醒悟和反思。任何有关人的学问，其发展终不能偏离人道之常，终不能以自私假设之偏执之教为皈依，必当以儒圣正盈之教为皈依，以人之本心即仁心为皈依，以弘扬人道之常、贞定人类之生命为究极目的。经济学者亦不能以停留于解释现象为已足。马克思说过：哲学家忙于解释世界，而问题在于改造世界。善哉斯言！

实证经济学所发明和标举的各种指标（譬如GDP、企业利润、市值等）皆是纯粹"量"的指标，盖与"质"几乎没有关系。GDP是否能够代表一国国民所能够享受的真正财富，企业利润和市值是否能够代表一企业对社会福利所做的真正贡献，往往大成疑问，而人类经济增长的根本目标不是追求"量"，而是"质"，即一切经济增长之最终目的是让每个人都能够幸福地生活，个人幸福、情趣高雅、崇德向善、社会和谐安宁、公平正义得到妥善保障，人与人之间、人与自然之间皆能和睦相处、共生共长，达到《易经·乾卦》中"乾道变化各正性命"之至善之境。为达此目的，我们需要以价值理念来对治"过度量化"的经济学之流弊和危害。

现代主流经济学所演化出来的"数目字"管理模式或管理科学同样具有极大流弊或危害。今日社会徒以追求"量"的增长为目标，国家追逐GDP、企业追逐利润和市值、个人追求身价，为达此目的，人们往往将最基本的价值准则完全抛弃，戕害自然、污染环境、劫夺资源、尔虞我诈、假冒伪劣，无所不用其极，一切皆为了那个数目字的追求，因为建立在"数目字"或"量"的观念统治下的经济规则或所谓市场规则，成败皆取决于那几个数目字。国家实力以GDP来衡量，政府政策英明与否乃至政府合法与否皆取决于GDP之增速，政治人物遂极力追逐短期GDP增长，忽视短期急功近利之GDP增长往往对自然环境和人文环境造成的极大危害；企业能否融资和上市，兼并收购能否占据主导地位，乃至个人成败荣辱，皆取决于企业利润和市值那几个数目字，至于企业收入、利润和市值背后的真相，人们往往忽略之或淡忘之。

凡此种种，皆与纯粹（科学的或实证的）经济学所鼓吹的利润最大化（今日已经演变为市值最大化）哲学和GDP信念有极大关系。我们固然不否认GDP信念、企业利润最大化和市值最大化哲学对推动人类经济增长有重大贡献，亦成为今日人类社会管理之基础，然而，我们亦不能对其巨大流弊和危害置之不顾。我们需要探寻恰当"药方"，以对治今日人类经济社会之诸多流弊和危害，以实现人与人、人与自然之和睦相处、共生共长，否则人类终将陷入物欲横流必然导致的万劫不复之深渊。

吾不能肯定《新经济学》是否能够为我们回到经济学的圆善或最高善问题提供有益的思想资源，然而无论如何，经济学的圆善或最高善问题总是存在，因为它确是一客观之问题。我只希望引起更多人注意并研究此问题。

将人类经济行为与人文精神和道德价值完全割裂开来，宣称"经济学"只研究人类行为的"经济层面"，宣称经济学只研究那所谓客观的经济行为或经济现象，并不能消解或回避这个基本的问题，即人的经济行为、人类的经济现象、人类的经济制度并非所谓"客观经济力量"之结果，而是人类主观价值和精神之体现。人类欲改进其经济行为、完善其经济制度、改善其经济结果，仅仅依靠经验科学所提供的经验知识是不够的，甚至是不贴切或不恰当的。易言之，仅仅依靠经验知识或科学知识，无法真正认识人类经济行为、经济现象和经济制度的本质特征和内在规律。

当今世界人类面临的诸多麻烦和重大挑战皆与经济结构的失衡有关。从全球范围看的经济失衡就是各国经济增速的失衡，尤其是发达国家和新兴市场国家之间的失衡；第一梯队、第二梯队、第三梯队、第四梯队国家之间失衡；国与国之间贫富差距日益扩大；全球虚拟经济和实体经济日渐脱离或脱节。从各国内部看的经济失衡，则主要表现为收入差距和贫富分化的持续扩大。法国经济学者皮凯蒂的《21世纪资本论》和拙著《新资本论》均讨论此一重大问题。

然而此类重大问题之解决方案是否能够以实证科学之途径来解决？人

类是否需要超越实证经济学或经济科学的范围来思考人类经济制度面临的根本性难题？

仅仅依照实证科学或经验科学，人们完全可以对日益恶化的收入差距和贫富悬殊置之不理。因为人们完全可以声称，日益恶化的收入差距和贫富悬殊是市场竞争之必然结果，是个人追求效用最大化、企业追求利润最大化之必然结果，是人性自私之必然结果，是刺激和推动经济增长之原动力，是私有产权题中应有之义或者天经地义。

实证经济学者宣称不能有任何价值判断，只能承认现实，很容易陷入一种"存在的就是合理的"之误区。事实上，仅仅依靠实证经济学所发现的经验规律，我们的确无法对日益恶化的收入差距和贫富悬殊做出任何价值判断，因为人们往往能够发现或"发明"许多经验规律以支持互不相同甚至完全相反的价值判断。譬如一些经济学者能够以经验事实证明收入差距和贫富悬殊正在加速扩大，另外一些学者则能够提供相反证据，说明收入差距和贫富悬殊还在缩小；一些经济学者能够以经验证据说明收入差距和贫富悬殊的扩大是好事，能够刺激人们的创新动机和创业热情，另一些经济学者则又能够提出证据说明收入差距和贫富悬殊将严重危害或阻碍经济增长和创新活动。是故，假若人们没有一个公认的价值原则或标准，我们如何能够对相互矛盾的证据和结论做出判断呢？我们又如何能够为促进公平正义提出有效的建议呢？

理想经济制度的基本特征

我们今日之迫切任务，是给经济学这门学问恢复和重新注入人文价值，为新的经济学、新的经济制度乃至人类新文明开启新思维。为给庞大的经济学术躯体注入人文价值和精神血液，我们就必须挺立价值主体，开掘价值之源。

将优秀的中国文化和价值观与西方优秀的文化和价值观融会贯通，以开启人类新文明，确是一件令人兴奋和激动的伟大挑战。中国需要新的经济学，人类需要新的经济学；中国需要新的文明蓝图，人类需要新的文明蓝图。人类赖以生存发展的各种制度，诸如产权制度、公司治理、国家、政府和市场、国与国之间的合作、贸易规则、货币制度——主权国家的货币制度和国际货币体系等，都需要重新检讨和创新安排，至少需要大幅度的改革和调整，然而，改革和调整需要真正的理论创新，需要有新的理论做指引。

人类新文明至少需要实现如下基本目标：

- 公平和效率要实现和谐与平衡。
- 人类自身的财富创造和自然生态的妥善保护要实现和谐与平衡。
- 人类自身的发展和人类科技创造物的增长之间需要实现和谐与平衡，科技的进步和运用需要以人类最高价值原则为指导。
- 宗教冲突或文明冲突之历史症结必须得到化解，人类各民族当真正化干戈为玉帛。
- 最重要的，是人的价值生命和自然生命要实现和谐与平衡，价值生命之原则应该成为人类一切生活的最高指导原则，价值生命原则乃宇宙自然和人类社会一切事物之最高指导原则。

公平和效率乃人类社会生存发展所必需。主流经济学将公平和效率视作"鱼与熊掌，二者不可得兼也"，为了实现公平就要牺牲效率，为了追求效率就要牺牲公平。

以私有产权为基石的资本主义经济制度，将效率置于首要位置，通过保障私有产权鼓励企业家和投资者追求利润最大化，公平的保障则主要依赖政府的税收政策和富豪们的慈善捐助，以实现收入和财富的再分配。

人类新文明需要从基本的产权制度安排上实施改革和调整。数百年来尤其是近半个世纪以来，许多有识之士尤其是许多企业家和投资者为此做了诸多极富价值的探索。源自硅谷的期权激励机制和风险投资机制，让智慧和知识享有与资本同等甚至更高的收益获取权。

然而，期权激励和风险投资机制依然没有从根本上解决各种不同性质的劳动如何合理定价或如何获得公平公正收入和财富份额的问题。此乃经济学面临且必须解决的根本问题之一。

迄今为止，经济学所提供的收入分配理论依然是边际生产力理论。边际生产力理论将一切生产要素皆看作可以拿到市场进行交易的"产品"，而市场机制则是充分有效的，完全能够精确确定每一生产要素对价值创造的贡献，从而能够精确确定每一生产要素的合理或公平报酬。然而，这两个假设并不完全成立。边际生产力理论既无法解释历史和现存的收入分配格局，亦不能给合理公正的收入分配格局提供坚实的理论格局，我们确实需要新的收入分配理论。新的收入分配理论不能完全基于市场有效性和一切皆是商品的假设。

总体而言，今日人类经济体系的产权制度依然是资本主导或资本统治的产权制度。全球金融资本主义时代，则演变为金融资本主导其他生产要素（其他形态的资本）。金融资本为其他一切生产要素定价（包括智力、知识、科技专利、管理经验和技能、劳动、土地、矿产等）。

资本主导一切，金融资本主导一切，必然导致严重的收入差距、贫富悬殊，甚至导致社会分裂。百多年前马克思对资本主义的批判和谴责今天大部分依然成立。劳动和其他要素皆成为资本的雇佣物或附属物，成为资本剥削的对象。当今世界全人类面临的最大社会问题就是收入差距和贫富悬殊的日益恶化，它直接源自以私有产权为基础的资本主义经济制度的内在缺陷。从美国到英国到欧洲到新兴市场国家，收入差距和贫富悬殊皆是最大的社会问题，皆是其他一切社会问题（恐怖主义、地区冲突、政府失信、阶层对立、种族矛盾、反全球化等）的主要根源。极端政治势力的兴起正是人们对收入差距和贫富悬殊日益恶化的政治诉求。当社会被分裂为"成功者"和"失败者"之时，失败者往往诉诸极端的政治要求，以摧毁或改变现有的政治和社会秩序，极端政治势力的兴起往往会加深社会的对立和分裂，并最终引发大规模社会冲突甚至地缘政治冲突。

实现人类理想经济制度的可能途径

人类要谋求实现理想的经济制度，首先需要系统深刻反思如下问题：

其一，系统深刻地反思私有产权制度和市场竞争机制：我们究竟需要怎样的私有产权制度和市场竞争机制？私有产权制度有无限多样的实现方式，市场竞争机制亦有无限多样的实现方式，究竟哪种方式是理想的或比较理想的？

其二，人类货币制度和金融体系需要重建：2008 年全球金融海啸之后，全球逐渐形成一个基本共识，那就是当代人类货币体系和金融体系具有重大缺陷，是一个不具有公正、包容、和谐、平衡特征的货币体系和金融体系，人类货币体系和金融体系需要重大改革或重建。

其三，科学技术万能主义需要得到适当或有效的遏制或调节：技术进步是推动人类进步最重要的力量，然而，科学技术本身是中性的，利用技术为人类造福还是制造灾难，则取决于人类自身的价值判断。爱因斯坦当年为人类利用原子科学原理制造核武器而痛心不已，今日人们正在普遍担心生物科技尤其是基因技术将给人类造成巨大灾难，霍金、马斯克等许多科技精英一直警告人工智能甚至有可能毁灭人类。诸如此类的重大问题时刻提醒我们，人类必须以自我价值的觉醒来调节或遏制科学技术的负面作用，让科学技术能够为绝大多数人类造福，而不是沦为少数人剥削、控制乃至毁灭人类的工具。随着人类技术进步进入加速度或指数增长时代，这个问题显得尤为紧迫。

其四，人的财富理念或基本价值观需要深刻变革：金融财富、虚拟财富或股票市值已经是当今世界具有支配性的财富理念，为了追求这些财富，人们不惜牺牲宝贵的自然资源、地球环境，破坏生物多样性和生态体系；不惜戕害基本的人文价值，将教育、医疗、思想文化乃至宗教都变成世俗牟利的工具。人类需要彻底抛弃这种错误或极其有害的财富观念，回归到正确的财富观念，以贞定我们的价值生命和精神生命，以价值生命和精神生命主导和引导我们的物质生活和物质生命。

为此，人类需要长期持续展开三个新对话。一是东西方文明的新对话：融会中西，各取所长，以构建人类新经济制度和新文明的新思想体系；二是人与自然的新对话：寻求人和自然和谐共存的新理念和新制度，经济学尤其需要充分吸收自然科学所发现的基本规律；三是人与自身的新对话：找回人的价值生命和精神生命之意义，重塑人的价值观和财富观，让人的价值生命和精神生命原则成为主导人的一切行为的最高原则。

第九章

华为模式的启示

2016 年 11 月，我应邀飞往北非摩洛哥王国著名的旅游胜地马拉喀什，参加华为公司国际咨询委员会年会。会议地点是阿特拉斯山麓一个十分别致的度假酒店。为期 3 天的会议，有两件事给我特别深刻的印象。

第一件事情是任正非先生的真诚待客和谦逊好学。入住酒店当晚，我问华为公司负责接待的工作人员：任总住在哪个房间？工作人员回答：任总住在离这里一个多小时车程的一个酒店。我顿感吃惊：任总为什么不住这里？每天开会还要来回奔波几个小时？工作人员说：这个酒店只有 28 个房间，全部用来接待邀请与会的各国学者，恰好 28 人。任总和华为所有高管都住另外酒店，还有工作人员就住在供登山者临时居住的简陋房子里。我瞬间感到无比惭愧。任总年过 70，又是如此成功的大企业家，为什么还要如此照顾像我这样的无名晚辈，宁愿自己每天奔波也要把最好的酒店房间留给客人？

第二件事情是为期 3 天的会议，受邀参会的嘉宾都是政治、经济、历史、国际战略等方面的学者，来自美国、英国、俄罗斯、日本、中国等多个国家。大家讨论的话题都是地缘政治局势、特朗普当选美国总统之后世界格局的可能走势、欧洲的穆斯林化、恐怖主义、中美关系等，没有任何话题涉及华为公司自身的业务。任正非先生和华为所有高管都非常认真地参与所有讨论，主要是聆听学者们的辩论，偶尔也会表达意见。任总自始至终仔细聆听，直到会议最后，大家一直要求任总讲话，他才讲了 20 分钟。没有谈华为的具体业务，而是谈他对国际局势的看法和华为应对国际环境变化的基本思路。

任正非先生和华为那么多高管愿意斥巨资邀请各国学者，并抽出好几天宝贵时间，飞往远在北非摩洛哥的马拉喀什，仔细聆听各国学者们海阔天空般的"神侃"，我起初实在不太理解，或许多数人都不太理解吧。后来我重读田涛老师的著作《下一个倒下的会不会是华为——故事、哲学与华为的兴衰逻辑》，细细品味任正非先生的一句名言"一杯咖啡吸收宇宙能量"，才略有所悟。华为公司能够成为中国和世界超一流的企业，秘密可能就在"一杯咖啡吸收宇宙能量"所蕴含的恢宏气魄、大度包容、兼收并蓄、博采众长。集众人之力，方能成就伟大事业，采百家之长，才能孕育最高智慧。

我参加会议的最大收获是能够与任正非先生和他的团队面对面详细交谈，当面请教许多感兴趣的问题，特别是听他们讲述华为发展历程中许多具有里程碑意义的故事，引人入胜，启人深思。我开始思考一个基本的问题：华为为什么成功？如果说有一个华为模式，那么华为模式的核心或精髓究竟是什么？华为模式具有一般意义吗？

田涛先生是任正非先生多年挚友，一直近距离观察和研究华为的成长历史，是研究华为管理哲学和管理模式最权威的学者。田涛先生在《下一个倒下的会不会是华为》一书里写道："20 多年后的今天，回头审视任正非的一系列讲话、观点，让人感到惊异的是，他的基本思想从未改变过，这就是以客户为中心，以奋斗者为本，长期坚持艰苦奋斗。正如任正非所言：'是什么使华为快速发展呢？是一种哲学思维，它根植于广大骨干的心中。这就是"以客户为中心，以奋斗者为本，长期坚持艰苦奋斗"的文化。这并不是什么背景，更不是什么上帝。'"[1]

"以客户为中心，以奋斗者为本，长期坚持艰苦奋斗"，这是华为的核心价值观，是华为的基本法。以此为核心价值观和基本法，逐渐形成华为或任正非的管理哲学和方法论。田涛先生将其概括为"开放、妥协、灰度"

---

① 田涛，吴春波.下一个倒下的会不会是华为[M].4 版.北京:中信出版社，2017：16.

六字真言。华为的一切战略策略、管理制度、激励机制、经营理念、用人方法，皆围绕基本法和六字真言展开。今天，华为基本法和六字真言凝聚了全球近20万优秀人才，纵横驰骋全球170多个国家和地区，为世界上超过20亿人提供通信网络服务。今天，华为已经成为全球通信设备、企业网络和手机终端行业里最大的企业，一家年收入超过1000亿美元的超级跨国企业，一家真正让全球竞争对手望而生畏的中国企业。

那么，任正非靠什么确保"以客户为中心，以奋斗者为本，长期坚持艰苦奋斗"真正落到实处？靠什么去实现"开放、妥协、灰度"的管理哲学？众所周知，华为没有上市，从不接受财务投资，从不参与股票和房地产投机，从不参股金融企业，更没有去借助金融杠杆缔造金融产业帝国。恰如任正非所说，华为从不在非战略方向上浪费资源。华为的伟大和令人生畏之处，就在于它能够以创新的制度安排将近20万员工的智慧、精力和时间牢牢锁定在最重要的战略方向上，咬定青山不放松，坚持不懈，顽强拼搏，矢志不渝，不攻下"上甘岭"绝不罢休！

这些创新的制度安排当然很多，包括华为斥巨资聘请国际著名咨询机构帮助构建的财务管理系统、采购系统、物流系统、制造系统、人力资源管理系统等；包括华为首创的内部"蓝军-红军"的自我批判机制；包括基于热力学第二定律和熵增原理而实施的定期大批换岗和"从零开始"的人才管理制度；包括大胆启用年轻人、不拘一格降人才、激励年轻人敢闯敢干的"狼性"体制机制；等等。

然而，吾之愚见，上述制度和机制安排能够高效发挥作用，最根本的原因还是华为的普遍持股制度真正将"以奋斗者为本，长期坚持艰苦奋斗"落到了实处。以奋斗者为本，不能停留于空谈或口号，必须有实实在在的制度安排来实现和保障奋斗者的利益，让奋斗者的贡献能够以具体的物质回报体现出来，让奋斗者能够真正分享企业发展的成果或红利。任正非不愧是深刻洞察人性本质的管理大师。人的价值实现不仅要体现为精神层面的成就感、自豪感、荣誉感，还要体现为具体的物质回报，二者不可偏废。仅仅强调奋斗精神或奉献精神，或者仅仅强调物质待遇或工资奖金，都会失之偏颇。任正非的伟大之处是他将人的精神创造性和物质创造性完美结合起来，既让员工有高度的成就感、荣誉感、自豪感，又让员工获得实实在在的金钱收入。

关于华为的普遍持股制度，田涛先生写道：

> 任正非是华为第一大股东，占 1.4%，其余的 98.6% 为员工持有。截至 2014 年底，在华为 18 万员工中，有 8 万多名员工持有公司股份（没有任何外部资本股东）。这恐怕是全球未上市企业中股权最为分散、员工持股人数最多、股权结构最单一的、绝无仅有的一家公司，亦是人类商业史上从未有过的景象。什么是华为的"核聚变效应"？在笔者对华为 100 多位高管的访谈中，多数人都认为是"工者有其股"的普遍持股制度——人人做老板，共同打天下。在询问到"如何评价任老板"时，几乎有一个共同的词"奉献精神"，或者"不自私"。华为"蓝军统帅"白志东的评论是"言行一致"，这是最高的评价，全世界有几个老板能做到言行一致？说把股权分给大家，20 多年来就一直分，分给 8 万多人，自己只剩一丁点儿……①

普遍持股制度、工者有其股、人人做老板、共同打天下，这就是华为

---

① 田涛，吴春波.下一个倒下的会不会是华为[M].4 版.北京：中信出版社，2017：89.

的核聚变效应！这是一个真正了不起的制度发明，它创造出华为的奇迹。它真正体现了任正非尊重所有人的创造性或贡献的博大胸怀。试问：世界上有多少老板能够做到？

从人类经济制度演变发展的角度考察，我认为华为的普遍持股模式具有划时代意义，具有普适价值，值得经济学者、管理学者深入研究，更值得政治家和宏观政策决策者深思和借鉴。

首先，华为模式强调"以奋斗者为本"，实际上颠覆了资本主义经济制度里资本和劳动者的关系，将劳动者或奋斗者的贡献或利益置于资本的贡献或利益之上，至少真正实现了劳动和资本利益或权利的平起平坐。华为模式没有否定资本的贡献，没有排斥资本的作用，只是将劳动者或奋斗者的贡献或利益置于更重要的地位，这从根本上为解决资本主义经济制度的一个根本矛盾或内在缺陷做出了十分有价值的探索。

资本主义经济制度最大的弊端是资本凌驾于劳动之上，资本雇佣劳动，资本支配劳动，资本剥削劳动，资本分享或获得超额回报。新古典经济学的边际生产力理论试图为资本或资本家的回报辩护，但事实上确实存在资本对劳动的支配和剥削。马克思对资本主义经济制度的深刻批判，正是抓住了资本剥削劳动、资本家榨取劳动者的剩余价值这个关键。新古典经济学基于边际生产力的分配理论是很贫乏的理论，既没有解释力，更没有提出任何解决资本主义经济制度内在矛盾的有效办法。

更为重要的是，随着资本主义经济制度逐渐演变为金融资本主义或全球金融资本主义，单个企业里的资本雇佣、支配和剥削劳动演化为虚拟经济（金融经济）主导和支配实体经济的格局，虚拟经济恶性膨胀，虚拟经济掌控经济体系的定价权和收入财富分配权，事实上构成了对实体经济的剥削或剥夺。拙著《新资本论》对此有详尽的分析。

从个体来看，以华尔街为代表的一些金融精英人士，仅仅凭借那些莫名其妙、与实体经济完全脱节的衍生金融工具，每年收入竟然高达数十万、数百万、数千万乃至上亿美元，而那些勤勤恳恳、精益求精地提升产品质量，制造更好产品的工程师和普通工人，年收入可能不到15万美元。发展中国家（包括中国）那些勤劳的产业工人每年的收入不过区区几万元人民币，而那些玩弄金融手段或从事金融投机的人，却可能年收入高达数百万、数千万甚至亿万。无论新古典经济学收入分配理论的数学模型如何高深典雅，模型如何精美绝伦，都无法为此种违背基本常识的经济现象辩护。

还有人辩护说，那些做金融投资或投机的人也承担着巨大风险，而且不能保证每年都有收入，也会亏损累累甚至血本无归。从个人投资者角度看，此辩护确有一定道理，然而从人类经济整体而言，金融投机或虚拟经济本身并不直接参与创造真实财富，如果虚拟经济或金融投机过度，则人类整体的生产力提升和财富创造必定受到遏制。更重要的是，参与虚拟经济或金融投机的人获得巨额收入，勤劳工作的产业个人却收入微薄，无论如何都是一种不公正或不合理的社会现象。

从宏观整体层面来看，金融业成为很多国家最赚钱的行业，金融岗位成为收入最高的岗位。很多金融机构动辄利润达到数百亿美元，那些科技和制造企业的利润根本无法望其项背。金融业能够很方便地利用高倍杠杆进行资产扩张，增加收入和利润，科技和制造企业则无法使用这种魔法。全球虚拟经济增长（以金融资产占GDP比例来衡量）之所以远远超过实体经济增长，超过劳动生产力增长，皆源于此。

上述这些奇怪的经济现象，根源就是资本居于经济体系的主导或支配地位。当今世界则演变为金融资本居于全球经济体系的支配地位，造成各国经济的严重失衡和脱实向虚。

一个理想的经济制度，必须做到既要妥善保障私有产权，又要让资本、劳动、知识以及其他一切生产要素处于平等地位，消除资本对劳动、知识和其他生产要素的支配权或主导权，尤其要消除资本对劳动者收入分配的控制权或支配权，这是未来人类经济制度改革必须要解决的重大问题。

其次，华为模式拒绝财务投资者，也不谋求上市成为公众公司，给我们认识和改革人类经济制度提供了深刻启示。

为解决资本和劳动、知识之间的矛盾，世界各国进行了很多有益的探索。自美国管理资本主义兴起之后，资本家或投资者一直致力于如何更有效地保障管理者、劳动者尤其是知识劳动者的利益。20 世纪后期，美国推出期权激励制度，让管理者和普通员工也能分享企业发展的好处。风险投资模式的崛起则进一步让知识拥有者成为公司发展壮大的重要受益者。

然而，这些制度的变革并没有从根本上解决少数投资者或股东享受或支配公司全部或大部分利益的格局。即使是借助风险投资成长壮大的企业，一旦上市，往往还是那些投资者获得数百倍乃至成千上万倍的高额回报，再加上那些创始股东成为巨富，绝大多数普通员工依然不能分享公司发展壮大的好处，或者分享得很少。尽管风险投资者或创业者承担了巨大风险，忍受了各种创业的艰难困苦，理应获得高额回报，然而，普通员工尤其是优秀员工的艰苦付出同样是公司成功必不可少的力量，同样应该获得相应的回报。

华为模式从根本上解决了这个问题。华为模式不是基于上市、股票价格上涨然后套现的期权激励模式，而是直接的普遍持股模式，员工不是持有期权等待股价上涨然后套现（事实上很多上市公司的期权一钱不值，持有期权的员工根本没有机会套现），而是每年都能够分享公司的利润分红。而且，持有公司股权的员工一旦离开公司成为非员工股东，他所分享的利益就会相应逐步下降，乃至完全丧失享受分红的权利。华为模式致力于将企业发展的好处分享给真正为企业做出贡献的人，没有贡献就没有分红。这就大大超越了目前风行世界的期权激励模式。很多上市公司的员工都知道，所谓期权激励往往是"望梅止渴"，是无法兑现的空头承诺，何况大股东还能够操纵期权定价，让期权持有者根本无法兑现。

我并不是否定公司应该上市成为公众公司，亦绝不否认创始股东或投资者（无论是天使投资者还是后续A轮、B轮、C轮等创业投资者，无论是战略投资者还是纯粹财务投资者）理应通过上市获得超额回报，这正是激发和鼓励人们创业和创新的有效手段。

华为模式给我们的重要启示是：

其一，上市并非公司成功或成为伟大公司的必由之路，亦并非让创始者、管理者和员工分享公司利益的唯一制度机制，更不是最佳的制度机制。上市或追求市值最大化往往成为很多公司衰败的开端，上市或追求市值最大化给无数公司造成极大伤害，甚至直接导致公司的消亡。

其二，以奋斗者为本的基本理念取代以资本家或投资者为本的基本理念，这是人类经济制度的划时代变革。这里牵涉到我们对人类经济本质的深刻把握。

依照我们所倡导的面向未来的创造性经济学范式，人类经济行为的本质是每个人本具自足的内在的创造性，人类任何经济成果皆是集体创造的产物，是故每个人的创造力都应该得到公平公正的对待或回报，这亦是保障私有产权的基本要义。人类至今还没有找到一个真正完善的经济制度和体制机制安排，能够精确衡量每个人的生产贡献。经济学者长期致力研究的计件工资制和计时工资制，皆不能精确衡量每个人的贡献。流行一时的效率工资理论对此亦无贡献。此是人类经济制度面临的一大困扰，新制度经济学试图以交易费用解释这个难题，成果极其有限。

相比劳动者或奋斗者的贡献，资本或资金的贡献则能够精确计算，所以资本或资金的回报总是能够准确量度。资本主义经济体系的主流制度安排是资本雇佣劳动，而不是劳动雇佣资本，与资本和劳动的贡献度能否精确量度有重要关系，此处不详论为何是资本雇佣劳动而不是劳动雇佣资本。研究人力资本理论的经济学者所遇到的主要难题，是人力资本及其生产贡献的精确量度，尤其是人力资本面向未来的贡献无法量度。

以奋斗者为本或以劳动者为本，就必须对奋斗者或劳动者的生产贡献有尽可能准确的量度或替代量度。这是设计此类制度安排必然遇到的大难题。华为模式为我们提供了可供借鉴的宝贵经验。

随着人类经济快速进入人工智能时代，知识、技术、智慧、数据等资源的重要性日益超过资本或自然资源的重要性。人类经济正快速迈向知识经济时代，迈向一个真正依靠每个人的独特创造性的时代。人类经济制度安排必须与时俱进，真正实现以人为本，以创造者为本，以奋斗者为本，以知识、智力、智慧为本。资本主导的时代必然结束，人类经济必然迎来真正的以人为中心的时代。华为模式正是这个新时代的第一线曙光。

其三，华为模式促使我们重新思考今天人类的资本市场。以股票市场为核心的金融市场或资本市场，是资本主义经济制度伟大的创造发明，它创造了无数的财富神话，推动了人类经济史无前例的伟大进步。然而，今天的资本市场依然是一个资本主导和支配的市场，劳动者的贡献和知识、智慧、智力的贡献很难反映到资本市场，尽管那些伟大创业者的灵感、智慧和创造发明已经能够通过创业投资或风险投资机制转化为惊人的财富或资本，但是普通劳动者的知识、智慧和艰苦努力却无法到资本市场变现。

华为模式为普通劳动者的贡献、知识和智慧转化为资本或财富开辟了道路，同时也为全世界的资本市场提供了重要启示，那就是我们可以修改上市规则，鼓励实行员工普遍持股桎梏的公司优先上市，甚至可以修改《公司法》和《证券法》，规定员工持股不达到一定比例的公司不能上市。

尽管我们目前还没有找到真正实现资本、劳动、知识、智慧、智力等一切生产要素"同工同酬"或获得公平回报的完美办法，然而，华为模式所开创的"以奋斗者为本"确实是一个划时代的贡献，它在很大程度上代表着人类经济制度未来变革的方向。

参考文献

［1］张五常.经济解释（二〇一四合订本）[M].北京：中信出版社，2014.

［2］向松祚.新资本论[M].北京：中信出版社，2014.

［3］牟宗三.圆善论[M].长春：吉林出版集团，2010.

［4］田涛，吴春波.下一个倒下的会不会是华为[M].4版.北京：中信出版社，2017.

［5］牟宗三.从陆象山到刘蕺山[M].长春：吉林出版集团，2010.

［6］熊十力.新唯识论[M].北京：中国人民大学出版社，2006.

［7］保罗·萨缪尔森，威廉·诺德豪斯.经济学[M]19版.萧琛，等译.北京：商务印书馆，2017.

［8］许良英.爱因斯坦文集[C]17版.北京：商务印书馆，2016.

［9］张五常英语论文选.花千树出版有限公司，2005.

［10］向松祚.不要玩弄汇率[M].北京：北京大学出版社，2016.

［11］肯尼斯·霍博，威廉·霍博.清教徒的礼物[M].丁丹，译.北京：东方出版社，2016.

［12］James M. Buchanan，*Landmark Papers in Economics, Politics and Law*, Edward Elgar Publishing Ltd, 2001.

［13］Frank H. Knight, *Risk, Uncertainty, and Profit*, Besrd Books, 2002.

［14］R.H.Coase, *The Firm, the Market, and the Law*, The University of Chicago Press, 1988.

［15］Steven N.S.Cheung, The Contractual Nature of the Firm, Journal of Law and Economics, April 1983.

［16］Armen A.Alchian and Harold Demsetz, *Production, Information Costs and Economic Organization.* Economic Forces at Work, Liberty Press, 1977.

［17］Oliver E. Williamson, *The Economic Institutions of Capitalism: Firms, Markets, Relational Contracting*, The Free Press, 1985.

［18］Thomas K.McCraw, *Prophet of Innovation: Joseph Schumpeter and Creative Destruction,* The Belknap Press of Harvard University Press, 2007.

［19］Landmark Papers in Economic Growth, Selected by Robert M. Solow, Published by Edward Elgar Publishing Ltd.

［20］Stuart A. Kauffman, Reinventing the Sacred: A New View of Science, Reason, and Religion, published by Basic Books, 2008.

［21］Thomas K.McCraw, *Creating Modern Capitalism: How Entrepreneurs, Companies, and Countries Triumphed in Three Industrial Revolutions,* Harvard University Press, 1997.

［22］Adam Smith, An Inquiry into the Nature and Causes of the Wealth of Nations, Methuen and Co.Ltd.

［23］Max Weber, The Protestant Ethic and the Spirit of Capialism, published by Charles Schribner, 1958.

［24］Ron Cherow, Titan: The Life of John D. Rockefeller, Sr. Vintage Books, 1999.

［25］Steven Weinberg, *Dreams of A Final Theory: The Scientist's Search for the Ultimate Laws of Nature.* Vintage Books, 1994.